COLLECTION ROLF HEYNE

JAPAN KULTUR DES ESSENS

PHOTOGRAPHIE REINHART WOLF

TEXT ANGELA TERZANI

VORWORT ADOLF MUSCHG

KUNST OHNE KUNST

von Adolf Muschg

Das kleine Zen-Kloster an der Japanischen See, in dem ich eine Weile gelebt habe, besaß einen keineswegs berühmten, aber anmutigen Trockengarten. Jeden Morgen wurde er von gefallenem Laub gereinigt und frisch gerecht. Das geschah beiläufig, mit der für alle Arbeiten üblichen Geschwindigkeit, die an Hast grenzte und doch keine war; eher Ökonomie, die flüssigste Form stetiger Bewegung. Manchmal setzte ich mich an den Rand der kleinen sandigen Landschaft und ließ sie auf mich wirken. Aber nie habe ich einen ihrer Pfleger ein Gleiches tun sehen. Für die Mönche schien mit der Arbeit an diesem Garten auch sein Meditations-Potential ausgeschöpft. Jenseits dieser Arbeit existierte er als besonderer Gegenstand der Besinnung nicht mehr. Und natürlich noch weniger: der ästhetischen Wahrnehmung. Die blieb dem Besucher vorbehalten, dem Touristen.

Eine ähnliche Nüchternheit war am Werk, wenn die Gärtner – mindestens eine Woche lang – auf das Grundstück meiner Gastgeberin in Kyoto kamen, um die Bäume zu pflegen. Tagelang bearbeiteten sie auf ihren Leitern die Zweige der Föhre, stutzten und lichteten sie mit einer Art Nagelschere. Sie brauchten sich nie vom Gegenstand ihrer Mühe zu entfernen, um – nach der Art der Maler – die Wirkung zu überprüfen. Wenn der Baum am Ende doch wie „das Bild einer Föhre" aussah: so darum, weil er nicht als solches behandelt worden war.
Keine überflüssige Vorbemerkung zum Vergleich verschiedener Kulturen und ihrer „Ästhetik". Das Entzücken, das die Strenge, Anmut, Einfachheit, Delikatesse japanischer Gegenstände und Verfahren beim westlichen Betrachter hervorruft, ist auf dem Boden einer anderen Sensibilität, eines anderen Selbstverständnisses gewachsen. Wenn es – wie die Eß-Stilleben, die Reinhart Wolf fotografiert hat – zu isolierter Betrachtung einlädt, muß man sich daran erinnern, daß das japanische Kunst-Werk niemals das Erzeugnis einer isolierten Aktivität war. Die ästhetische Richtigkeit, die uns aus einer einfachen Mahlzeit, einer liebevollen Verpackung anspricht, ist nicht verwickelt gewesen in einen westlichen Diskurs „über das Schöne". Der Koch, der in horrender und doch gelassener Geschwindigkeit einen Rettich schneidet, Streifen rohen

Fischs mit einem Kraut, einer Blüte zum zauberhaften Arrangement vereinigt, „weiß nicht, was er tut". Wer – mit allem Grund – hinter dem Werk eines Tusch- oder Töpfermeisters die höchste geistige Disziplin vermutet, wird ihn doch immer nur alltäglich und handwerksmäßig von den Eigenschaften seines Materials reden hören, und allenfalls von den Jahren, die er mit ihrer Erkundung zugebracht hat. Das ist kein Understatement. Der Kundige seines Fachs hat nichts zu verstecken, sein Geheimnis ist ja offenbar. Wer es an der Oberfläche nicht zu sehen, nicht mit Händen zu greifen vermag, dem wird man auch seine „Tiefe" nicht deutlich machen können. Wer eine Blumenmeisterin im Umgang mit ihren Objekten gesehen hat, weiß, daß daran nichts Pflegliches oder gar Zimperliches ist. Da liegt das Ei des Kolumbus – mit einem Schlag auf die Spitze gestellt – schon näher.

Die „Naturnähe" der japanischen Künste ist oft gerühmt worden. Das Lob stimmt nur dann, wenn man gelernt hat, dieses Naturverständnis von oppositionellen Begriffen zu lösen, die sich in unseren westlichen Köpfen reflexartig einstellen, wie: „Natur/Kultur" oder „Natur/Kunst". Die Zivilisation hat sich in Japan nicht als Naturwidrigkeit oder Natur-Ferne erfahren. Es gibt keinen japanischen Rousseau; so gibt es der „Natur" gegenüber auch keine Sentimentalität. Schon die Topographie des „Gegenüber" ist falsch. Der von Schiller exponierte Gegensatz von „naiver" und „sentimentalischer" Kunst findet in Japan nicht statt. So wenig es eine Verklärung der (verlorenen) Natur durch Kunst zu leisten gibt, so wenig braucht sich die Kunst als „Reine" oder „Schöne" zu behaupten. Schiller zufolge liegt über der abendländischen Kunst der Schleier des Elegischen oder das Heimweh der Idylle; der Schlagschatten der Satire oder der stolze und harte Glanz der Autonomie. In Japan fehlt der kulturelle Boden für dieses Leiden der Kunst an sich selbst, an ihrer Kleinheit oder ihrer Größe. Dafür steht sie dort auch nicht im „Fluchtverdacht". Obwohl die Zivilisation den real existierenden Boden in Japan rücksichtsloser überzogen hat als anderswo: die „schönen" Dinge, die in den spärlichen Zwischenräumen Platz finden, haben nicht den Lückenbüßer-Charakter von Gartenzwergen. Ebensowenig aber braucht sich eine „hohe" Kunst mit dem halbtheologischen Anspruch des ganz anderen zu übernehmen.

Uns mag ein japanisches Kunstwerk – etwa das auf einem Eßplättchen angerichtete – überaus individuell vorkommen. Für das japanische Auge gleicht seine Besonderheit eher derjenigen einer einzelnen Blüte an einem gemeinschaftlichen Baum. Dem Japaner ist auch der Gedanke weniger fremd als uns, daß das Wachstum eines Kirschbaums mit demjenigen eines Autokonzerns oder des Bruttosozialprodukts durchaus verwandt sei.

Wo das Gesellschaftliche so elementar vermittelt ist wie in Japan, lernt man die in der Fabrik „bearbeitete Natur" als etwas ebenso „Organisches" betrachten wie die „arbeitende Natur" einer Pflanze. Es sind nur verschiedene Aspekte eines umgreifenden geordneten Kontinuums. Wenn man will, kann man darin sogar den Animismus (die Allbelebtheit) eines geschichtslosen Japans wiedererkennen. Es bedient sich der Fetische des industriellen Zeitalters ganz unbefangen; etwa wenn in einem Tempel verlorene Nadeln, ausgediente Hüte, verbrauchte Batterien „religiöse" Verehrung genießen. Auch „Religion" ist in Japan – wie „Natur" oder „Kunst" – weniger als bei uns ein Spaltungsprodukt der kulturellen Entwicklung und viel mehr eine Sache der „Gewohnheit", der kaum reflektierten Lebensart und Lebensform. So hat sich die japanische Gesellschaft, inmitten ihrer Arbeitsteiligkeit, überall überraschende und sorglose Zugänge zu jenem nicht-Besonderen bewahrt, das uns als „Kunst" imponiert.

Freilich: nicht überall behütet diese Zugänge ein sicherer Geschmack. Was wir so nennen, bewährt sich in Japan keineswegs an allen Materien und Materialien modernen Lebens. Es gehört ein wählerisches Auge dazu – und ein eingeschränkter Gesichtswinkel –, das „ursprüngliche" Japan inmitten des „häßlichen" auszumachen.

Die Entdeckung Japans als „ästhetische Provinz", als Musée imaginaire der Subtilitäten – auch ihr liegt ein von außen betrachtetes Japan zugrunde. Sie ist ebenso „Fremdarbeit", wie die „Entdeckung" der Alpen (nicht als natürliche, sondern als kulturelle Größen) ein Werk reisender – und städtischer – Engländer gewesen ist. Aber solche Übertragungen verändern die Realität auch für die Einheimischen.

Daß die populäre Gebrauchskunst des Farbholzschnitts etwas Besonderes, Hochzuschätzendes sei: Japan lernte es von ihren bewundernden Nachahmern van Gogh, Degas, Toulouse-Lautrec. Die Verdienste des Amerikaners Fenollosa um die „Rettung" des Nō-Spiels im erneuerten Japan sind historisch und anerkannt. Daß Bruno Taut die Katsura-Villa als Juwel vollendeter Funktionalität feierte: Das Credo Neuer Sachlichkeit veränderte die Aura des traditionellen Baudenkmals auch in japanischen Augen. Und der Abt eines Klosters in Kyoto, von dem ich den Satz hörte: das wahre Zen sei heute überhaupt nur noch außerhalb Japans zu finden... appellierte nicht nur an meinen Sinn für Ironie.

Wie sollte der japanische Handwerker, der sein Produkt zweckmäßig, distanzlos bearbeitet, seinen Wert gleich einschätzen wie der Betrachter aus der Ferne? Dennoch vermittelt dieser sein Bedürfnis auch dem Urheber und läßt so einen neuen Markt entstehen. Das moderne Japan hat sich die ästhetische – westliche – Wertschätzung seiner Kunst, bis zur Alltagskunst, weithin zu eigen gemacht. Japanische Modeschöpfer in Paris „japanisieren". Die neue japanische Volkskunst – die Fotografie – zeigt das japanische Objekt ebenfalls in splendid isolation, exklusiv, das heißt: abgekoppelt von seinem kulturellen Zusammenhang; als Produkt jenseits der Produktion. Nicht nur für den Fremdenverkehr präsentiert sich Japan als Schauplatz japanischer Spezialitäten, als veredeltes Selbstzitat. Ebenso natürlich hat das handwerklich gearbeitete Produkt in der fortgeschrittenen Industriegesellschaft Luxus-Charakter angenommen; seine Herstellung macht es nicht nur kostbar, sondern auch teuer.

So könnte man das „reproduzierte Original" als einen Widerspruch in sich selbst finden.

Natürlich ist die Signatur des Schön-Handgefertigten ein Anachronismus in der Massengesellschaft. Und doch haftet solchen Ausdrucksformen der Ungleichzeitigkeit in Japan weniger Heikles an als anderswo. Das „Natürliche“ daran ist nicht nur Schein; es spiegelt sozusagen eine japanische Eigentümlichkeit. Bekanntlich funktionieren in Japan industrielle Großbetriebe nach vorindustriellen, quasi-feudalen, „familialen“ Organisationsmustern. In dieser Querlage zur Zeit befriedigen sie aber nicht nur die Forderung nach Wirtschaftlichkeit, sondern auch diejenige nach innerbetrieblicher Kommunikation – und außerdem diejenige nach materieller und emotionaler Sicherheit der Betriebsangehörigen.

Oder: die Entwicklung Japans zur Dienstleistungsgesellschaft begünstigt zugleich altväterische, „schöne“ Formen der Aufmerksamkeit. Die exquisite Verpackung findet sich nicht nur im Kundendienst des Warenhauses, sondern auch im Lagerhaus der Güterspedition. Die unterschiedlichsten Produktionsniveaus gehen überraschende und „anachronistische“ Verbindungen ein, die man sofort als „japanisch“ empfindet. So erzwingen die unerschwinglichen Bodenpreise eine Ökonomie des Wohnens, die man zwar (vom Standpunkt des Binnenkonsums) als rückständig empfinden mag: aber im günstigen Fall wirkt die Einrichtung „schön“, bewahrt – oft unfreiwillig – die Einfachheit des Traditionellen. Die elektronischen Spitzenprodukte, das mit allen Schikanen ausgestattete Auto kommen sozusagen in eine dörfliche Umgebung zu stehen, ohne diese einfach zur Kulisse zu degradieren.

Im Tempel, der nach betriebswirtschaftlichen Regeln geführt wird und in dem ein Konzern seine Manager zur Wochenend-Meditation versammelt, rechen Gärtnersfrauen das Laub in zeitlos-alter Tracht zusammen – und es ist nichts Trachtenmäßiges daran. Daß es im falschen Leben kein rechtes geben könne – dieser Satz wurde nicht in Japan gefunden. Das futuristische Objekt, die avancierte Lebensgewohnheit existiert nicht immer geschmackvoll, aber zwanglos mit einem vorindustriellen Rahmen zusammen und weiß dessen versichernde Kraft zu benutzen. Der „Salaryman“, der sein Berufskostüm ausgezogen hat und sich im traditionellen seiner Vorväter auf der häuslichen Reisstrohmatte niederläßt, hat in seinem Bewußtsein keinen Zeitsprung getan. Die Integrationskraft der japanischen Zivilisation ist durch ihren Fortschritt – auch den in Anführungszeichen – ungebrochen und robust geblieben; das zeigt sich gerade in der „Feinheit“ ihrer Äußerungen. Trotz ausgiebiger und gegenwärtig besonders populärer Debatten über „japanische Identität“ berührt diese jedenfalls den Nicht-Japaner gerade durch ihre Fraglosigkeit im gelebten Alltag. Es ist ihr überall anzumerken, daß das japanische Selbstgefühl nicht gegen den westlichen Einfluß erworben werden mußte, sondern in dessen – freiwilligen und selektiven – Aneignung gipfelte.

Die Kunst, etwas Heikles und Schwieriges so vollendet wie möglich von Hand zu machen, übt jedes japanische Kind beim Erlernen seiner Schrift. Diese Praxis ist wohl der unerschöpfliche Speicher für jenes Formgefühl, dessen Produkte wir

„ästhetisch" finden. Daß ausgerechnet die elektronische Revolution, die Schnelligkeit ihrer Reproduzierbarkeit, die japanischen Schriftzeichen endgültig von der Zumutung befreit hat, sich zu „rationalisieren", das heißt: vereinfachen zu müssen, gehört gewiß nicht zu den geringsten Paradoxien der japanischen Kultur.

Das Auge des westlichen Fotografen, das hier Speisen – nein: erlesene Bilder eßbarer Kompositionen, von denen viele durchaus alltäglich sind – isoliert und dem Auge des Betrachters zum Genuß anbietet, befindet sich also mit seinem Werk in der Gesellschaft des modernen Japan; nicht im Widerspruch dazu.

Denn heute wie gestern gilt an jedem japanischen Eßtisch, daß der kniende Gast sich optisch mit den Speisen beschäftigt, bevor er sie mit der Zunge versucht – und zwar sehr hörbar, wenn sie dem Wirt Ehre machen. Die Eßkultur des Landes hat es auf das Wecken aller Sinne angelegt; die Zunge antwortet dem Auge, wie ein Geschmack dem anderen. Schon das sichtbare Bild ist Teil eines Gesamtkunstwerks von Genuß. Eine solche Mahlzeit (bemerkt man das Unpassende dieses Worts?) ein „Gedicht" zu nennen, wäre in Japan weniger metaphorisch zu verstehen als in einem anderen Teil der Welt. Denn man brauchte sich dort auch weniger zu scheuen, ein Gedicht eine „Speise" zu nennen. Auch das Verfertigen von Haikus ist in Japan ja keine exklusive Beschäftigung, sondern ein Stück Volkskultur, eine Sache passender Gelegenheiten und nationaler Wettbewerbe.

Subtiler und selbstverständlicher als anderswo in der Welt <u>bedeutet</u> die Speise auf dem Tisch etwas. Sie verweist auf ihren Ort, ihre Herkunft, und ist zugleich viel mehr als eine „Spezialität". Denn sie kann auch historische und literarische Erinnerungen zitieren; sie stellt eine Quintessenz der Jahreszeit vor; sie gibt sich als Aufmerksamkeit gerade für <u>diesen</u> Gast zu erkennen. All dies hat sie in der Tat mit einem „Gedicht" gemeinsam: Sie zieht ein Netz von Beziehungen, das bemerkt und gewürdigt sein will, in einen gastlichen Augenblick zusammen. Überaus „japanisch" ist aber auch die Sorgfalt, mit der das eßbare Kunstwerk etwas von Haus aus – und seiner Bestimmung nach – Vergängliches mit der „Dauer" des ästhetisch Einmaligen ausstattet. Damit nährt die japanische Küche nicht nur den Magen, sondern auch eine „Philosophie" – nachdenkliches Einverständnis mit dem Vorübergehenden. In diesem Zeichen feiert sie um so nachdrücklicher das Verweilen am Tisch, das menschliche Verhältnis von Wirt und Gast, der Gäste untereinander. Die Früchte des Wassers, der Erde, der Luft und des Feuers, die wir genießen, machen uns bewußt, daß wir Gäste sind, in einem umfassenden Sinn. Das soll ihren Genuß nicht schmälern, sondern vertiefen.

„Der Augenblick ist Ewigkeit" – diese ebenso mystische wie praktische Weisheit darf auch mit der Kamera festgehalten werden. Sofern es im gleichen Geiste geschieht, der diese Eß-Wunder zubereitet und ausgerichtet hat: dem Geist der Meisterschaft; der beiläufigen Meisterschaft. Zu Ehren des Wirts, des Photografen Reinhart Wolf; zur Freude seines Gastes, des Betrachters.

FUCHA

Die vegetarisch-buddhistische Kost aus dem 17. Jahrhundert.

Das Volk verhungerte. Das buddhistische Gebot, auf Jagd oder Fischfang zu verzichten und überhaupt keine Lebewesen zu essen, hatte die Nahrung auf ein Minimum reduziert. Besonders die führende Klasse der Aristokraten und Samurai, die das religiöse Gebot streng befolgte, war unterernährt und geschwächt.
Rettung kam vom Buddhismus selbst beziehungsweise von einer seiner Sekten: der des Zen. Ein Mönch hatte im 12. Jahrhundert den Zen-Buddhismus aus China nach Japan gebracht. Die neue Lehre faßte schnell Fuß. Die schlichte, disziplinierte, auf die Vergänglichkeit des Lebens ausgerichtete Lebensführung der Mönche sagte der japanischen Kriegerkaste zu, die im Laufe der Jahrhunderte daraus eine eigene Kunst zu leben und zu sterben machte. Die hochgebildeten Mönche, die immer wieder nach China reisten, um sich dort uralte Künste und Kenntnisse anzueignen, wurden zu den mächtigsten Kulturträgern des Landes.
Diese Mönche entwickelten die Zen-Ästhetik, welche die gesamte japanische Kultur geprägt hat: Malerei und Dichtung, Teezeremonie, Kunst des Blumensteckens und, nicht zuletzt, die Kochkunst.

Aufgrund ihrer Analyse des Nährwerts und der medizinischen Eigenschaften alles Eßbaren aßen sie reichlich Früchte und Gemüse und verarbeiteten die Sojabohne – einziger pflanzlicher Proteinersatz für Fisch und Fleisch – zu jeder Mahlzeit. Diese nahrhafte, rein vegetarische, den Jahreszeiten angepaßte, höchst ästhetische Diät wurde zur Grundlage der gesamten japanischen Kochkunst.
Die „Fucha"-Küche variiert das bekannte Thema durch den geschickten Gebrauch von Fetten und Ölen und erhöht dadurch den Kaloriengehalt der Mahlzeit. Dieses Essen wurde im 17. Jahrhundert im Manpuku-Kloster bei Kyoto erfunden. Noch heute serviert man es dort hochgestellten Mönchen und Gästen des Klosters.

Auf einem schwarzen Teller liegen ein flaches Stück Nori, getrockneter und gepreßter Purpurtang aus dem Meer, daneben eine zusammengebundene Melonenscheibe, dahinter ein Gericht aus Rettich und Schwarzwurzeln, eine kleine Aubergine mit einer Manschette von Nori und ein Kegel aus gegrillter Aronwurzelpaste.

O-SUMASHI – DIE FEINE KLARE SUPPE

Zarte Seetang- und Bonitoflockenbouillon mit Muschel, Rettichscheibe und Limonenrinde.

Zwei Dingen ist der Japaner verfallen: „gohan“ und „misoshiru“ – Reis und Suppe. Beide dürfen bei keiner Mahlzeit fehlen. Er nimmt sie abwechselnd zu sich. Sie ergänzen sich und sind sein tägliches Brot: Jahrhundertelang waren sie Hauptbestandteil seiner Ernährung. Selbst das elegante Kaiseki-Essen, das die Schlichtheit des täglichen Lebens feiert und zum Kunstwerk erhebt, beginnt mit Reis und Suppe. Beiden, sagt man, verdankt der Japaner seine gute Gesundheit.

„Misoshiru“ ist Japans Alltagssuppe. Klare Bonitoflockenbouillon wird mit etwas „miso“ – gegorener Sojabohnenpaste – angedickt. Ein Blatt Gemüse, ein Stückchen Seetang oder ein Stück Tofu kommen noch dazu. Es gibt unzählige Varianten dieses Gerichts; je nach Koch oder Haushalt, Jahreszeit oder Provinz, wechseln die Zutaten. Doch im wesentlichen bleibt die Suppe gleich.
„Eine gute Misoshiru-Suppe ist wie das Verklingen einer Tempelglocke. Die Qualität liegt in ihrem Nachgeschmack, der die Gäste dazu verführt, um eine zweite Schale zu bitten“, schreibt Kaichi Tsuji, ein renommierter Kaiseki-Koch.

„O-sumashi“ dagegen ist eine feinere klare Suppe. Die Zubereitung der Bouillon erfordert Fingerspitzengefühl. Sie soll zart, aber nicht fade schmecken, sie darf den Geschmack der Einlagen nicht übertönen. Ein bekannter japanischer Koch läßt nur ein paar Stücke Seetang in heißem Wasser ziehen…
Bei einem offiziellen Essen steht Suppe mehrmals auf dem Menüplan. Ein Mahl kann aus einer Suppe und drei Gerichten, zwei Suppen und fünf Gerichten, drei Suppen und sieben Gerichten bestehen.

Suppe wird niemals in Porzellanschalen, sondern immer in Lackschalen serviert, denn die „sehen für das Auge wärmer aus“. Auch auf die harmonische Anordnung der Einlagen in der Schale achtet jeder Koch. An der klaren Suppe, die kaum Eigengeschmack hat, erkennt man den Meister. Wenn dem Gast das Tablett mit der Mahlzeit vorgesetzt wird, lüpft er als erstes den Deckel der Suppenschale, führt sie an die Lippen und trinkt einen Schluck: „Oh, die Suppe schmeckt köstlich…“, sagt er dann.

Der Koch ist erleichtert, das Mahl beginnt.

ABALONE – KÖNIGIN DER MEERESFRÜCHTE
Scheiben der Abalonemuschel in einer Schale von Kitaoji Rozanjin.

Aus der Diät der zen-buddhistischen Mönche entwickelten sich die Speisen des kaiserlichen Hofadels und der militärischen Gouverneure des Landes, der Shogune, mit ihren Samurai. Das prägte die feine japanische Küche und das heute noch in exklusiven Restaurants servierte Kaiseki-Essen.

Auf dem ersten Tablett des eleganten Kaiseki-Mahls steht im Sommer – neben Reis und Suppe – eine Schale mit frischen rohen Meeresfrüchten. Bei „Kitscho", einem Restaurant der einstigen kaiserlichen Hauptstadt Kyoto, in dem nur von einem Bürgen empfohlene Gäste bedient werden, reicht man die kostbare Frucht der Abalonemuschel mit geriebenem grünem Meerrettich („wasabi") und geraspeltem weißem Riesenrettich („daikon"), zwei Zutaten, die die Abalone nicht nur geschmacklich, sondern auch farblich zur Geltung bringen. Die Schale – sie selbst wie eine rauhe Muschel – wurde von dem extravaganten Töpfer Kitaoji Rozanjin entworfen.

Die verschiedenen Gänge des Kaiseki-Mahls sind das Ergebnis jahrhundertealter japanischer Kochkunst und zen-buddhistischer Ästhetik. Besonderer Wert wird auf absolute Frische der Zutaten gelegt, die Jahreszeit durch die Wahl der Speisen und Schalen betont. Um den ureigenen Geschmack der Zutaten zu erhalten, werden die Kochzeiten kurz gehalten und die einzelnen Bestandteile so wenig wie möglich vermischt. Genauso bedeutsam wie die Zubereitung der Speisen sind Schönheit und Abwechslung der Darbietung – die „wohlschmeckende Form". Kaiseki ist Essen als Gesamtkunstwerk.
Schalen und Teller wurden eigens für die Teezeremonie getöpfert. So entstand jene Beziehung zwischen Speise und Schale, Inhalt und Form, die beim japanischen Essen manchmal wichtiger ist als das Essen selbst.
Die Abalonemuschel lebt tief im Meer auf zerklüfteten Felsen. Frauen, die „Ama" genannt werden, tauchen heute noch, in weiße Baumwolltücher gehüllt, nach der teuren Delikatesse.

Sie bleiben fast eine Minute unter Wasser, dann kommen sie mit den frisch vom Meeresgrund geernteten Früchten wieder hoch, verstauen die Ausbeute in ihren schimmernden Holzkörben, die sie mit einer langen Schnur am Körper befestigt haben. Die Arbeit des Tauchens – früher auch nach ungezüchteten Perlen – mögen sich die japanischen Männer nicht zumuten: Frauen sind robuster, vor allem auch gegen die Auskühlung in der Tiefe des Meeres.

SASHIMI

Filetierte rohe Seebrasse auf immergrünen Kiefernnadeln, dem Symbol für langes Leben.

Roher Fisch in Scheiben serviert – auf japanisch „sashimi" – wurde schon im 16. Jahrhundert gegessen. Für diese absolute Frische kommen nur die besten Fischsorten in Frage. Seebrasse – Japans „Fisch der Fische" – Scholle, Bonito und fettes oder mageres Thunfischfleisch sind am beliebtesten und gehören zu jeder Sashimiplatte.

Zum rohen Fisch gab es dann auch bald „wasabi", den japanischen Meerrettich. Von diesem „König der Gewürze" sagt man, daß er Mikroben töten und Fischvergiftung verhüten kann. Jeder rohe Fisch wird deshalb stets von geriebenem „wasabi" begleitet, dessen süße Schärfe, durch Sojasauce gemildert, einem kurz in die Nase steigt – und verfliegt.

„Wasabi" gedeiht ausschließlich in Japan, in der Nähe von klaren, kühlen Gebirgsbächen. Da die Wasabiwurzel nur wild wächst, wird die gesamte Ernte von exklusiven Restaurants aufgekauft.

Sashimi gilt als das erlesenste der japanischen Horsd'œuvres und wird in kleinen Mengen hauptsächlich zum Sake, dem japanischen Reiswein, gegessen.

Frisch wie der Fisch sind hier auch die auf dem Tellerrand liegenden Bambusstäbchen – wie ihre dunkelgrüne Farbe beweist. Denn abgeschnittener Bambus wird schon nach kurzer Zeit gelb und trocken.

KAISEKI 26

Herbstliche Vorspeisenplatte aus Kyoto.

„Kaiseki“ bedeutet „sich einen heißen Stein auf die Brust legen“, wie es die Mönche früher taten, damit Hunger und Kälte sie während der Meditation nicht peinigten.

Auch beim heutigen Kaiseki-Mahl bekommt man gerade genug zu essen, um weder Hunger noch Kälte zu spüren. Der Sinn dieses Essens gilt nicht dem Bauch allein.

Das Kaiseki-Ideal, das von allen Zen-Künsten gleichermaßen angestrebt wird, liegt in der Harmonie mit der Umgebung. Man kommt zusammen, um sich auf die Natur zu besinnen – die Natur auf dem Teller und die Natur vor den Fenstern. Dabei wurde schon immer größter Wert auf die Beziehung zwischen Speisen und Geschirr gelegt. „Wenn es sich nur um den Akt des Essens handelte, dann könnten wir ebensogut von Blättern leben, wie es unsere Urahnen taten“, meinte Kitaoji Rozanjin, der bedeutendste japanische Ästhet und Meister der Töpferkunst dieses Jahrhunderts. „Die gute Küche verlangt nach gutem Tischgeschirr, das ihren Wert unterstreicht.“ Was sich früher bei Mönchen und Literaten in einer schlichten Teehütte im Wald abspielte, wird heute in Japans exklusiven Luxusrestaurants, den „Ryotei“, fortgeführt. Sie sind umgeben von den schönsten Gärten, man ißt aus kostbaren Gefäßen und blickt auf ein der Jahreszeit entsprechendes Rollbild, das der privaten Sammlung des Hauses entstammt. Dazu unterhält eine der letzten gebildeten Geishas den Gast im alten japanischen Stil.
Nur Politiker und Geschäftsleute mit Spesenkonten können sich diese längst nicht mehr schlichten Genüsse heute noch leisten.

DIE GEISTER DER FISCHE

Herbstliches Vorgericht
aus dem Norden.

Das rote Ahornblatt ist die Fahne des Herbstes. Zwischen fritierten Glasnudeln werden hier kleine gebratene Flußfische als Vorspeise gereicht.

Fisch ist ein so wichtiger Bestandteil der japanischen Nahrung, daß man mit Gebeten und Riten immer wieder versucht hat, die Meeresgeister zu beschwichtigen.
Noch in den dreißiger Jahren wurde in Tsurumi eine buddhistische Messe abgehalten zur Tröstung der Geister jener Fische, die als Nahrung für das Volk gefangen worden waren.
In der Bucht von Tokio zelebrierte man eine „Messe auf See" für Fische, die eines natürlichen Todes gestorben waren.

Beide Feiern fanden unter dem Patronat des japanischen Verbandes der Händler für Meereserzeugnisse und des Ministeriums für Fischfang statt.

VON DEN BERGEN, AUS DEM MEER

Meeresfrüchte und Pilze aus Kanazawa, wo Berge und Meer zusammenstoßen.

Durch die geographischen Gegebenheiten ihrer gebirgigen, kargen Inseln, von denen es auch bei Hunger kein Entrinnen gab, mußten die Japaner lernen, von dem zu leben, was ihnen das Meer und die Berge boten. Sie haben sich schon früh von den 270 Sorten Muscheln, den 200 Sorten Fischen, den 20 Sorten Säugetieren, den 80 Sorten Vögeln, den 90 Sorten Algen, verschiedenen Insekten und unendlich vielen wilden Gräsern, Pilzen, Pflanzen und sogar Blumen ernährt.

Geblieben ist den Japanern bis heute vor allem das Verhältnis zur Natur. Der folgende Mythos über den Ursprung der kaiserlichen Dynastie zeigt, wie weit die Verbindung der Japaner mit Meer und Bergen zurückreicht:

Prinz Hoseri und Prinz Hoori waren Brüder. Der eine jagte in den Bergen, der andere fischte im Meer. Einmal vertauschten sie ihre Rollen, kamen aber beide ohne Beute nach Hause. Prinz Hoori, der die Angel seines Bruders ins Meer hatte fallen lassen, tauchte am nächsten Tag nach ihr und kam bis auf den Meeresgrund. Dort besuchte er den Drachenkönig, der dort in seinem Palast wohnte und verliebte sich in dessen Tochter. Nach einiger Zeit kehrte er ans Land zurück und nahm die Meeresprinzessin mit. Nachdem sie ihm einen Sohn geboren hatte, verwandelte sie sich in ein Krokodil und verschwand wieder in den Fluten. Den Sohn ließ sie zurück. Er wurde der Vater von Kaiser Jimmu, Japans mythischem ersten Kaiser.

Die Japaner lassen seitdem keine festliche Gelegenheit verstreichen, ohne ihren Göttern für „den Segen der Berge und Meere" zu danken.

SUSHI

Japanische Kunst, die man essen kann.

Die japanische Küche entwikkelte sich aus der Tradition, den Göttern die Nahrung der Jahreszeit darzubieten. Nach dieser Opfergeste wurden die Speisen dann gegessen; dabei versuchte man, sie so wenig wie möglich zu verändern, „um den Geschmack des göttlichen Speichels zu bewahren".
Sushi bringt die beiden wesentlichen Elemente des japanischen Essens – Reis und Fisch – in einfachster Weise zusammen: schmale Streifen von rohem Fisch oder Meeresfrüchten liegen auf kleinen Happen aus gekochtem, leicht mariniertem Reis.

Sushi entstand in Asien zu einer Zeit, als man Salz als Konservierungsmittel noch nicht kannte. Der Fisch wurde in eine Hülle aus gekochtem Reis gepackt. Die Körner gärten, säuerten den Fisch und machten ihn haltbar.

Sushi, wie wir es heute essen, tauchte zuerst im vergangenen Jahrhundert in Tokios Straßenbuden auf. Beim Anblick der neuen Leckerbissen klatschte das Volk Beifall und sang:

„Die Mönche sollen aufhören, als Mönche zu leben, sie sollen zu Sushi-Verkäufern werden!"

Aus dieser volkstümlichen Begeisterung für ein neues Rezept entwickelten sich sehr bald die delikatesten und teuersten Leckerbissen des Landes. Gleichzeitig entstand, beim Zubereiten wie beim Essen, ein typisch japanischer Kult des Details. So sollten zum Beispiel alle Reiskörner eines Sushi in gleicher Richtung liegen.

„Ich möchte, daß man versteht", schreibt heute Masuo Yoshino, ein bekannter Sushi-Koch aus Tokio, „daß der Geschmack des Sushi eher noch von der Geschicklichkeit, mit der es geformt wurde, als von seinem Belag abhängt."

Die Technik des Formens ist nur durch jahrelanges Training zu erlernen. Sushi wird nur von Männern hergestellt, weil nur die kühleren Männerhände die richtige Temperatur für die Gestaltung des klebrigen Reises haben. Höhepunkt der Sushi-Kunst ist die farbliche und geschmackliche Zusammenstellung der verschiedenen Happen. Dazu haben sich viele Köche von den großen alten Meistern der Malerei inspirieren lassen.
Im modernen Tokio treffen sich Werbeleute und Künstler in winzigen, sehr teuren Sushi-Bars, die von den modernsten Designern eingerichtet sind, wie hier mit einem Tresen aus Marmor und Granit, dessen Maserung an Meer und Strand erinnert.

HERBSTFRÜCHTE
Nachtisch eines festlichen Kaiseki-Mahls, in alter asymmetrischer Schale angerichtet.

Trauben und geschälte Kakis, die Früchte des Herbstes, werden am Ende eines Kaiseki-Essens gereicht. Das rote Ahornblatt erinnert an die sich verfärbende Natur. Das Arrangement drückt „kühle Einsamkeit" aus, auch das Blauweiß des alten japanischen Tellers hebt diese Stimmung hervor.

Der Herbst ist die Lieblingsjahreszeit dieses von einer pessimistisch-buddhistischen Weltanschauung geprägten Volkes, das im Übergang vom Sommer zur Stille des Winters ein Gleichnis für die Vergänglichkeit des Lebens sieht.

Am klaren Herbsthimmel erscheint der Vollmond schöner und runder denn je. Man feiert ihn in Japan wie in China am 15. Tag des 8. Monats des Mondkalenders mit dem Mondfest, das die Bauern auch Erntefest oder Herbstfest nennen.

Trauben, Kakis und wilde Gräser werden auf dem Hausaltar dem Herbstmond geweiht. Verse werden für ihn geschrieben. Herbstliche Malereien zeigen Wildenten, die über den Abendhimmel fliegen. Samurais wählten diese wehmütige Abendstunde, um sich durch Harakiri das Leben zu nehmen.

Messer, in das zur Zierde die 60 Namen der Fische, die man damit zerlegen kann, eingeritzt sind.

Alles, was man essen kann, vom kleinsten Kraut bis zum größten Thunfisch, kommt erst mal unters Messer. Beim Schneiden zeigt sich, wer ein Meister ist. Das japanische Wort für „Koch" heißt „itamae" – „der Mann, der vor dem Hackbrett steht".

Keine moderne Maschine kann die menschliche Hand ersetzen. Während der dreijährigen Ausbildung lernt der künftige Koch als erstes, mit den verschiedenen Messern umzugehen. Er lernt, in Scheiben, in Würfel, in Streifen, in Blumen, Blätter und Locken zu schneiden, er lernt, hauchdünn, rund oder schräg zu schneiden, aber hauptsächlich lernt er, präzise zu schneiden, denn Zerfetztes, Zerstörtes ist für einen Japaner nicht eßbar.
Es würde das Auge beleidigen.

Es gibt Hunderte von unterschiedlichen Küchenmessern. Das Messer eines Nudelmachers sieht wie ein Beil aus, das Messer zum Zuschneiden von Gemüsen ist kurz und schwer, Messer zum Aufschneiden und Zerlegen von Fischen sind lang und schmal. Jede Hausfrau besitzt etwa fünf bis zehn Messer.

In Japan hat sich die Kunst der Klinge zur höchsten Vollendung entwickelt. 12 000 Schwertschmiede sind mit ihrem Namen in die Annalen des Landes eingegangen. Der Klinge haften seit Jahrhunderten geheime Kräfte an, sie trägt Gelingen oder Verderben in sich.
Da die japanische Kochkunst so sehr eine Kunst des Schneidens ist, wird das Messer oft zusammen mit dieser Kunst weitervererbt.

LEBENDE SCHOLLE ALS SASHIMI

Auf einem Bett aus geraspeltem Rettich mit Shisoblatt und geriebenem „wasabi".

Ein Prinzip gilt vor allen anderen in der japanischen Küche: Alles Junge, Zarte sollte roh gegessen werden, denn die kostbarste Eigenschaft jeder Zutat ist ihr frischer, ureigener Geschmack.
Höchste Frische aber ist nur im Leben selbst, denn was nicht mehr atmet, verdirbt, „wird vom Wind des Todes umweht", wie die Japaner sagen.

Das Fleisch dieser lebenden Scholle wurde von der Gräte getrennt, in Sashimi-Scheibchen geschnitten und wieder auf das Gerippe gelegt. Die inneren Organe des Fisches sind unversehrt geblieben und leben weiter. Der atmende Fischleib ist Ausdruck eines bis auf die Spitze getriebenen Kults des Frischen – die zur Besessenheit gesteigerte Lust auf Frisches.

SHIO-KATSUO

Mit Stroh ausgestopft, Bonito als Neujahrsgabe.

Der „bonito“ ist – wie Reis, Sakewein und Algen – ein beinahe heiliger Bestandteil der japanischen Nahrung. Er gilt als Symbol für Glück und Gesundheit und wird zu allen religiösen Festen den Göttern geweiht.
Bonito, Thunfisch, Seebrasse und sogar Fugu werden in Japan seit vorgeschichtlichen Zeiten gegessen. 600 der 3300 japanischen Fischsorten sind eßbar, 100 bis 150 werden täglich auf Tokios Fischmarkt zum Kauf angeboten.

Der Bonito gehört zur Familie der Makrelen.
Er kommt im Frühling aus den tropischen Meeren, erreicht Südjapan im März und schwimmt dann langsam die Küste hinauf nach Norden, wo man ihn bis in den Herbst hinein fischen kann.
Dann wird es ihm zu kalt, und er kehrt in die Tropen zurück.

Der erste Bonito – „hatsu-gatsuo“ – und der erste Kuckucksruf im Mai waren für die Menschen von Tokio die Boten des Sommers. Der erste Bonito gebührte dem Shogun und mußte an seinem Hof abgeliefert werden.
Gesalzen und in Stroh verpackt – eine althergebrachte Konservierungsmethode –, hält sich der Bonito jahrelang. Reisstroh tötet die Bakterien. In der shintoistischen Religion wird ihm eine reinigende Wirkung zugeschrieben. Reisstrohgirlanden werden zu Neujahr vor alle Tempel- und Hauseingänge gehängt, zum Schutz vor bösen Einflüssen.

GETROCKNETE FISCHE AM STRANG

Kleine Fische werden mit Reisstroh zu einem Strang geflochten und an der Luft getrocknet. Eine einfache, uralte Konservierungsmethode, die aber immer noch beliebt ist, denn sie ist billig, praktisch und hübsch anzusehen.

Getrocknete Fische und getrocknetes Reisstroh passen nicht nur für das Auge gut zusammen, am Strang lassen sie sich auch leicht aufhängen, transportieren und verkaufen. Krabben und Kakis werden auf die gleiche Weise konserviert. Fische sind ein Grundelement der japanischen Nahrung. Aber die Versorgung mit Fischen war oft so knapp, daß selbst in reichen, hochgestellten Familien kein Fisch im Haus war.

„Die Vorstellung des Samurai, daß es beschämend sei, für Geld zu arbeiten, ließ den hungrigen Krieger oft passiv vor einem mit hölzernen Fischen gehäuften Teller sitzen, der nur als Attrappe auf den Tisch gestellt worden war, und lässig mit einem Zahnstocher spielen, als habe er reichlich gegessen“, schreibt die Baronin Shidzue Ishimoto, Enkelin eines Samurai, in ihren Memoiren.

TSUKUDANI
Kandierte Meeresfrüchte
auf Holzspießen.

Die Shogune, die im 17. Jahrhundert ihr Regierungszentrum von Kyoto nach Edo, dem heutigen Tokio, verlegten, brachten sich aus Tsukuda bei Osaka ihre eigenen Fischer mit und siedelten sie auf einer kleinen Insel in der Bucht von Tokio an. Sie sollten das Herrscherhaus mit Sprotten versorgen.
Als Erinnerung an ihre Heimat tauften die Fischer ihren neuen Wohnort Tsukudajima – Tsukuda-Insel.

In Wirklichkeit waren diese Fischer vor allem als Spione des Shogun tätig. Sie beobachteten für ihn das Kommen und Gehen der Schiffe in der Bucht und berichteten ihm darüber, wenn sie ihre Fische im Kastell ablieferten.

Nebenbei erfanden sie auch eine köstliche Konservierungsmethode für Krabben und Kleingetier, die in der Flußmündung herumschwammen und die sie an Kaufleute und Matrosen verkauften.

Im Laufe der Zeit wurden diese in Sojasauce und Zucker gekochten, süßlich-rauchigen Sprotten, Taschenkrebse, Muscheln, Seetang- und Thunfischstückchen zu einem wichtigen Bestandteil der Nahrung in Edo.
Man ißt sie heute noch zu gedämpftem Reis oder Sake und nennt sie „tsukudani“.

ALTE METHODEN, MODERNE TECHNOLOGIE

Sechs verschiedene industriell getrocknete Fische, zum Knabbern oder für die Suppe.

Die Japaner kennen seit Jahrhunderten verschiedene Methoden, ihre Fische, Gemüse und Früchte auf Vorrat zu konservieren. Sie trocknen sie, legen sie in Soja, Salz oder Reiswasser und lassen sie dort gären. Heute werden Fische meist nicht mehr zeitraubend an der Luft, sondern industriell in kleinen Fabriken getrocknet.

In jeder kleinen Gemeinde gab es früher einen eigenen Nudelmacher, Tofumacher und Sojamacher. Jede Hausfrau legte ihr selbstgezogenes Gemüse ein, sammelte und trocknete Kräuter, Gewürze und Früchte. Diese selbstverständliche Fähigkeit, alles Eßbare aufzubewahren und zu verwandeln, kommt den Japanern heute zustatten. Während der Westen seinen Fisch und sein Mehl nach Japan exportiert, nur um beides später verarbeitet wieder einzuführen, perfektionieren die Japaner einfach ihre alten Konservierungsmethoden mit Hilfe der modernen Technik und bringen ihre industriell verarbeiteten Nahrungsmittel in immer größeren Mengen auf den internationalen Markt – ein blendendes Geschäft.

SCHOLLE MIT SEGEL

Vor dem Braten wird die Gräte aus der Scholle herausgeschnitten und separat fritiert.

Obwohl buddhistische Mönche keine Lebewesen essen dürfen, können sie Fischgerichten manchmal nicht widerstehen.
„Ich will euch verraten, wie man heimlich und auf gesündeste Weise einen Fisch ißt", sagte der Abt des großen Asakusa-Tempels in Tokio einmal zu seinen jungen Mönchen. Ein Laie hatte ihm gemeldet, er habe Fischgräten unter den Klosterfenstern liegen sehen.

„Man kocht oder brät den Fisch gründlich, zertrümmert seine Gräten und verschlingt das Ganze vom Kopf bis zum Schwanz, mit Haut und Gräten. So ist der Fisch am nahrhaftesten – wußtet ihr das nicht? Und obendrein bleibt nichts von ihm übrig, das den scheinheiligen Laien verraten könnte, daß auch wir Mönche manchmal einen Fisch verspeisen."

Die Japaner – das Volk mit der höchsten Lebenserwartung – essen alles, was aus dem Meer kommt, und beim Fisch auch die kalziumhaltigen Gräten. Die originelle Darbietungsform mit der als Segel eingesteckten Mittelgräte ist die Erfindung eines Kochs aus Kanazawa.

MUSCHELN UND SCHNECKEN

Lebend und frisch – jeden Tag in jedem größeren Kaufhaus des Landes.

In vorgeschichtlichen Zeiten ernährten sich die Japaner von 300 Sorten von Muscheln. Auch heute noch ist Japan eines der Länder, das sich seine Proteine fast ausschließlich aus frischen Meeresfrüchten holt.

Da sie schon seit Urgedenken die Speisezettel bestimmen, gehören Schaltiere, Muscheln und Krebse zu allen traditionellen Festen. Muscheln, Krebse und roten Reis gibt es zu festlichen Frühlingsmenüs, ganz besonders zum 3. März, dem „Fest der Puppen", denn das Muschelsuchen war an jenem Tag immer ein beliebter Zeitvertreib. Die „Hamaguri"-Muschel gehört seit Jahrhunderten zum Neujahrsmenü, denn sie öffnet sich wie ein Doppelbild – und alles Doppelte bringt Glück.

Winter und Frühling sind die beste Jahreszeit für die meisten Schaltiere. Muscheln und Kammuscheln, Schnecken und Krebse liegen dann überall in Haufen lebend zum Verkauf. Tot würde sie keiner kaufen.

Sie kommen in Suppen, sie werden fritiert oder zum Sake gedünstet. Roh angerichtet sind sie ein wichtiger Bestandteil der „Sushi" und „Sashimi". Die kleinsten würzen die Misosuppe. Am liebsten aber ißt man sie direkt am Strand, kurz über dem offenen Feuer gegrillt, wenn man hungrig vom Schwimmen kommt.

LUXUS AUS DEM MEER
Seeigel und Krebsscheren für das festliche Mahl.

Seeigel und Krebse sind den Gourmets vorbehalten. Seeigelrogen kommt roh auf „sushi“ oder wird als Gewürz sparsam über Reis gestrichen. Die zarte, goldene Masse läßt sich auch konservieren und ist in Flaschen ein beliebtes, wenn auch kostspieliges Neujahrsgeschenk.

Krabben sind während der Saison ein Luxus. Tokios Feinschmecker warten begierig darauf. Sie reißen sich um die Männchen, die angeblich leckerer schmecken als die Weibchen. Die Männchen kosten ein Vielfaches, und die Nachfrage treibt die Preise immer weiter in die Höhe.

HOYA

See-Scheide vom Meeresgrund und Wakame-Seetang.

Hoya, die See-Scheide wächst mit ihren Wurzeln auf dem Meeresboden. Die Chinesen verabscheuen diese Muschelart – wohl hauptsächlich wegen ihres grotesken Anblicks. In Japan jedoch, wo man alles liebt, was aus dem Meer kommt, wird das orangefarbene Fleisch der geschälten See-Scheide in Essig getunkt und zum Sake gegessen.

Wakame – undaria pinnatifida – ist eine der beliebtesten Seetangsorten in Japan. Er wächst an allen Küsten des Landes.

Wakame kommt meist frisch und leicht gesalzen auf den Markt. Getrocknet hält er sich jahrelang. Er schwimmt in fast jeder Frühstückssuppe, die man deswegen „das kleine Gericht, das an das Meer erinnert", nennt.

In der Dichtung gilt der in den Fluten treibende Seetang als Metapher auf den Wankelmut der Frauen. In der Praxis hingegen reichen die braven Ehefrauen ihren betrunkenen Männern als Ausnüchterungstrunk „O-cha-zuke" – Teesuppe mit Reis und Seetang.

FUGU
Der Kugelfisch, sechs verschiedene Sorten auf dem Fischmarkt von Tokio.

Eine der winterlichen Freuden in Japan ist das Fugu-Essen. In den Fugu-Restaurants, die im Sommer oft schließen, sitzt man gemütlich Tisch an Tisch, während es draußen weht und schneit. Wie eine weiße Chrysantheme liegt das rohe Fugu-Fleisch in hauchdünnen Sashimischeiben vor dem Gast. Die Suppe aus Fugu-Fleisch, Tofu und Kohl dampft daneben. Man genießt das Essen – und die Gefahr.

Es gibt auf der Welt fast hundert verschiedene Fugu-Sorten, 38 davon in Japan. In Eierstock, Haut, Muskeln und vor allem in der Leber sitzt ein tödliches, dem Kurare verwandtes Gift, gegen das es kein Gegenmittel gibt. Trotzdem wird Fugu in China seit Jahrtausenden, in Japan seit Jahrhunderten gegessen – für den Rausch dieser Delikatesse ist der Feinschmecker offensichtlich bereit, notfalls sein Leben hinzugeben.

10 000 Tonnen Fugu werden in Japan in einem Jahr verspeist. Im Gegensatz zum Tiger-Fugu, dem schmackhaftesten und gefährlichsten Fugu, ist gezüchteter Fugu, der nicht von Plankton lebt, nicht tödlich.
Der kleine gefleckte Tiger-Fugu wird im Winter vor der koreanischen Küste gefischt, er kann bis zu vier Pfund wiegen und kostet auf Tokios Fischmarkt ein paar hundert Mark. Die Fischer selbst essen ihn nicht. Statt dessen trocknen sie das Tier, das sich bei Gefahr kugelförmig aufbläht, und machen daraus Laternen, die dann vor den Fugu-Restaurants hängen.
In diesen Lokalen dürfen nur Köche mit einer Sonderlizenz arbeiten, die sich mit dem Tranchieren des Fisches genau auskennen.
Als höchste Delikatesse gilt die rohe Fugu-Leber, in der sich das Gift konzentriert, das die Zunge angenehm betäubt. Beim Tiger-Fugu können schon zwei Bissen tödlich sein.

Seit 1983 ein berühmter Kabuki-Schauspieler schon bei Tisch die ersten Kollapssymptome verspürte und später starb, verbietet das Gesundheitsministerium die Zubereitung von Fugu-Leber im ganzen Land – mit mäßigem Erfolg. Noch immer stirbt jährlich etwa ein Dutzend Menschen an Fugu-Vergiftung.

Kitaoji Rosanjin, der Töpfer und Gourmet, schreibt:

„Der Geschmack des Fugu ist unvergleichlich. Ißt man ihn drei-, viermal, wird man sein Sklave. Wir haben gelernt, ihn nach der Entfernung seiner gefährlichsten Teile zu essen. Wer ihn aus Furcht vor dem Tod verschmäht, der ist wahrlich ein bedauernswerter Mensch.“

Fugu bleibt trotzdem die einzige Delikatesse, die Japans kaiserlicher Familie nicht vorgesetzt werden darf.

FLOSSEN

Getrocknete Haifisch- oder Fugu-Flossen, dazu Fächer aus Seetang zum Sake oder als Suppeneinlage.

„Der Mensch ißt liebend gerne Fugu, doch hängt er auch an seinem Leben“, heißt ein japanisches Sprichwort.

Das Fugu-Gift heißt Tetrodotoxin. Es regt das motorische Nervensystem an, versetzt den Esser in einen Rauschzustand und gibt ihm ein Gefühl angenehmer Hitze. Nimmt man aber zuviel davon zu sich, stirbt man an Sauerstoffmangel.

Trotzdem kommt man in Tokios bestes Fugu-Restaurant nur auf Empfehlung hinein und muß vor den billigeren mehrere Stunden Schlange stehen, bevor man einen Platz bekommt.

Fugu-Fleisch ißt man als „Sashimi“ und als Pot-au-feu. Die Fugu-Haut wird in kleine Stückchen geschnitten und in verschiedene Saucen und Gewürze getunkt.

Nur die Flossen des Fugu sind ohne Gefahr. In der Sonne getrocknet und gegrillt ißt man sie zum Sake, oder man legt sie als Gewürz in den Sake und trinkt dann nur den Wein.

Ein berühmter Gourmet hat über den Genuß des Fugu und die Feinheit der japanischen Zunge gesagt: „Wenn man mich fragt, welches der größte Wohlgeschmack der japanischen Küche ist, antworte ich ohne zu zögern: der Fugu... Sicher, auch Schildkröte schmeckt herrlich, aber im Vergleich zum faden Fugu schmeckt sie zu stark, zu ausgeprägt, also weniger gut. Ein wirklich guter Geschmack ist so geheimnisvoll, daß man ihn nicht mehr als solchen empfindet. Es wäre vielleicht richtiger, zu sagen, daß der Fugu-Geschmack ein Geschmack ohne Geschmack ist, oder besser, ein Geschmack, der sich im Unendlichen verliert.“

KATSUO-BUSHI
Versteinerte Bonitofilets, dazwischen ein frisches Filet, dazu abgehobelte Bonitospäne.

Getrockneter Bonito ist ein Grundbestandteil der japanischen Küche.
Der frische Fisch wird enthäutet, zerteilt, gekocht, geräuchert und dann ein halbes Jahr, möglichst in der Sonne, an der Luft getrocknet, bis seine Teile hart wie Stein sind und wie braune Holzknüppel aussehen.

Jede japanische Hausfrau auf dem Land besitzt ein Holzkästchen mit einem Hobel, auf dem sie morgens den täglichen Bedarf an Bonitoflocken abhobelt – so wie früher die Mutter morgens als erstes die Kaffeemühle zwischen die Knie klemmte und Kaffee mahlte.

Die hauchdünnen Bonitospäne, die wegen ihres hohen Vitamingehalts wesentlich zur langen Lebenserwartung der Japaner beitragen, läßt man in kochendem Wasser ziehen, gibt Kombu-Seetang hinzu – und fertig ist „dashi“ die Basis aller japanischen Suppen.
Bonitoflocken liegen mittlerweile in jedem Kaufhaus in praktischen Plastiktüten zum Verkauf.
Getrockneter Bonito, „katsuobushi“, klingt auf japanisch wie „siegreicher Samurai“ und ist wegen dieser erfolgverheißenden Bedeutung ein beliebtes Geschenk zu Geburten und Hochzeiten.

SAYORI

Makrele auf verschiedenen Seetang-Sorten.

Wenn diese Makrele Anfang September auf den Markt kommt, weiß der Japaner, daß der Sommer bald zu Ende ist. Erschöpft von der Hitze, bei der ihm der Appetit vergeht, ißt er ihr fettes, zart schmeckendes Fleisch, um wieder zu Kräften zu kommen, und spürt dabei den ersehnten Wechsel der Jahreszeiten sozusagen auf der Zunge.

Die kleinen, aus Kombu-Seetang geflochtenen Körbchen kommen in die Suppe. Man läßt den Seetang in heißem Wasser ziehen und erhält eine frische, leicht bitter schmeckende Essenz. Das Rezept wurde von zen-buddhistischen Mönchen erfunden, die beständig nach Möglichkeiten forschten, um Abwechslung in ihre fade, fisch- und fleischlose Kost zu bringen.

Kombu-Seetang enthält eine Substanz, die den Eigengeschmack der Dinge unterstreicht. Ein Japaner entdeckte 1971, daß dieser Stoff aus Monosodium-Glutamat besteht, einer Art von Aminosäure, welche die Geschmacksknospen angenehm anregt.

SPIEGEL DES FRÜHLINGS

Einlagen für die Suppe.

Gluten ist eine schwammartige Substanz aus Mehl und Wasser, die den Geschmack der jeweiligen Suppe aufsaugt. Es wird, je nach Jahreszeit, verschieden gefärbt und geformt und dann besonders für delikate Suppen verwendet.

Diese beiden Glutenkugeln erinnern an die Seidenbälle, mit denen junge Mädchen im Frühling zum Fest der Puppen spielten. Die beiden Päckchen, mit Seetang-Band verschnürt, sind Glutenkugeln in einem Mantel aus Tofu, die Schleifen aus Kombu-Seetang bedeuten in Japan Glück, die Wiederholung eines frohen Ereignisses.

Diese feinen Zutaten kommen in eine klare Suppe: Schaut man hinein, sieht man den Frühling sich in ihr widerspiegeln.

SEETANG
Marinierte Taschenkrebse auf einem Bündel Kombu-Seetang.

Das Lebenselixier, nach dem die Menschheit jahrtausendelang suchte, ist im Seetang zu finden – so sagt eine Legende.

Die Japaner essen mehr Seetang als irgendein anderes Volk. 300 000 Tonnen werden in Japan jährlich verbraucht. Von den 8000 in der Welt bekannten Sorten wachsen 1200 vor der japanischen Küste. Kap Irako bei Nagoya gilt als natürliches Algenmuseum. „Kombu“ ist eine der drei in Japan beliebtesten Seetangsorten und wächst in 30 bis 100 Zentimeter langen Halmen.

Jeder Japaner wird mit Seetang groß, denn Seetang ist reich an Kalzium, Phosphor und Vitamin A, die in der japanischen Nahrung sonst fehlen.

Seetang macht das Haar schwarz, voll und glänzend, hält die Arterien elastisch und den Menschen schlank, denn Algen sind arm an Kalorien.

Vor langer Zeit hatte der Häuptling eines eingeborenen Ainu-Stammes dem Kaiser Seetang als Tribut überbracht, und seitdem durfte kein Seetang mehr am Hofe fehlen.

Heute, da die wilden Kombu-Wälder aussterben, züchtet man Kombu-Seetang zum großen Teil in Tang-Farmen.
Nach der Ernte wird er in vielen Küstendörfern auf niedrigen Holzgestellen zum Trocknen in die Sonne gelegt. Die Fischer schnüren ihn zu Bündeln und verkaufen ihn auf den Märkten.
Knusprig kandierte Taschenkrebse sind eine Delikatesse. Sie werden erst frittiert, dann in Sojasauce mit Zucker mariniert. Die Hausfrau kauft sie fertig und serviert sie als Beilage zu Reis.

NORI
Purpur-Seetang als Tafeln und um Reiskekse gewickelt.

„Die Japaner leben in Holzhäusern und essen schwarzes Papier“, schrieb einer der ersten Amerikaner, die das Land besuchten.

Das „Papier“, von dem er spricht, ist „Nori“ – eine eßbare Alge aus der Familie des Purpurtangs, welche die Japaner in ihren Buchten ernten, in der Sonne trocknen und zu großen schwarz-grünen Folien pressen. Von diesen Folien verbrauchen sie verblüffende acht Milliarden Stück im Jahr.

Schon im 7. Jahrhundert war das Nori-Sammeln Pflicht. Ursprünglich galt es als Medizin, denn es ist reich an Jod und Vitamin A. Später galt es vor allem bei den Bürgern von Edo, wie Tokio bis ins letzte Jahrhundert hieß, als größte Delikatesse.

„Der Geschmack von Nori versetzt mich heute tief in die Stimmung von Edo“, schrieb ein Dichter des 17. Jahrhunderts, als er nach langen Wanderjahren in seine Heimatstadt zurückkehrte.

Fischhändler und Kaufleute versuchten jahrhundertelang, Nori in der Bucht von Tokio an Bambuspfählen zu züchten, aber das Seegras kam und ging, sein Wachstum war unberechenbar.

Nori keimt zwischen Juni und Juli, wächst bis Oktober auf 50–70 Zentimeter Länge und verschwindet im Winter spurlos. Wohin? Das war die Frage.

Das Problem mußte gelöst werden, denn die kostbare Purpuralge wurde zu Anfang dieses Jahrhunderts immer seltener und drohte bald ganz zu verschwinden.

Endlich fand eine Ausländerin die Lösung: Katherin Drews, eine Biologin aus Wales. Sie löste die Frage, an der die Japaner ein Jahrtausend lang gerätselt hatten. Sie entdeckte, daß die Nori-Sporen im Winter ins Meer fallen, sich an Austernmuscheln festsetzen und sich dort fortpflanzen. Ein Sturm oder die starke Wasserverschmutzung in der Bucht von Tokio genügen – und die ganze Nori-Ernte bleibt aus.

Durch ein Exemplar ihrer 1949 erschienenen akademischen Schrift zur „Lebensgeschichte der Porphyria“ gelangte dieses Wissen in den fünfziger Jahren nach Japan, und in der südlichen Stadt Kunamoto setzte es ein Japaner sogleich mit großem Erfolg in die Praxis um. Heute wird die Purpuralge an synthetischen Austernmuscheln in riesigen Tanks gezüchtet – und Nori ist wieder groß im Handel.

Katherin Drews starb, ohne je nach Japan gekommen zu sein, aber die Nori-Züchter von Kunamoto haben der Engländerin ein Denkmal gesetzt. Einmal im Jahr bekleiden sie es mit ihren akademischen Roben und verehren sie als „Kasserin-san“, die Frau, die Nori vor dem Aussterben rettete.

RETTICH

Dekorieren und Verdauen mit der großen weißen Wurzel.

Aus einem Rettich ein endloses, hauchdünnes, makelloses Band zu schneiden – das ist die große Kunst japanischer Köche, die sich nur durch jahrelanges Üben erlernen läßt. Aus den Rettichstreifen entstehen feine Raspeln als Beilage zu „Sashimi“-Platten oder auch Blumen und Vögel zum Verzieren anderer eleganter Gerichte. Durch das Schneiden mit der Hand bleibt dem Rettich sein Saft erhalten.

„Daikon“ – die „große Wurzel“, wie der Rettich auch genannt wird – ist für ein Reis essendes Volk ein notwendiges Gemüse, denn es enthält einen hohen Prozentsatz an Diastase, die zur Verdauung von Stärke notwendig ist. Liegt einem der Reis schwer im Magen, ißt man einfach ein paar Scheiben „daikon“ hinterher, und er ist in kürzester Zeit verdaut.

Riesenrettich ist eines der unendlich vielen japanischen rohen Gemüse (man spricht von 4000 verschiedenen Sorten!), die nach ihrer Ernte in Salz oder Reislauge eingelegt werden und sich auf diese Weise das ganze Jahr halten.

Von diesen „tsukemono“, wie die eingelegten Gemüse hier heißen, verbraucht Japan eine Million Tonnen im Jahr.

Die einfachste japanische Mahlzeit besteht aus gedämpftem Reis und ein paar Scheiben eingelegtem Riesenrettich. In ärmeren Zeiten aß der Japaner nicht viel mehr – nur manchmal vielleicht noch einen getrockneten Fisch dazu. Aus alter Tradition wird auch heute noch jede Mahlzeit und jedes Bankett mit Reis, eingelegten Gemüsen und grünem Tee beschlossen.

REIS
Die Füchse, Boten der Reisgöttin Inari, als Gebäck im Inari-Tempel bei Kyoto.

Ein Paar listig lächelnder Steinfüchse wacht vor allen 40 000 Schreinen, die in Japan der Reisgöttin Inari geweiht sind. Die Füchse sind ihre Boten. Der buschige Schwanz der Tiere ist Symbol der Reisähre; der Schlüssel, den der eine oft im Maul trägt, ist ein Schlüssel zu allen Reisscheunen des Landes.
Im Inari-Tempel bei Kyoto, dem Hauptschrein der Reisgöttin, stehen Hunderte dieser Füchse. Zehn Millionen Menschen pilgern jährlich zum Tempel und beten, daß es in ihrem Kochtopf niemals an Reis fehlen möge.

Inari wird seit uralter Zeit in Japan verehrt, wo Reis Hauptnahrung und lange auch Zahlungseinheit gewesen ist. Reichtum wurde in Reisbüscheln gemessen, Steuern wurden in Reisbüscheln gezahlt. Für die japanische Landwirtschaft ist der Reispreis immer noch maßgebend und wird von der Regierung künstlich hochgehalten. Fremder Reis darf nach Japan nicht eingeführt, einheimischer darf nicht vergeudet werden. Beides wäre lästerlich. „Reis ist heilig und unantastbar", hat Premierminister Nakasone gesagt.

Der klassische Name für Japan ist „mizuho-no-kuni" – „Das Land der üppigen Reisähren". Reis war das Essen der Götter, dann der Aristokraten und schließlich des gesamten Volkes. Vierundvierzig Reissorten wachsen in Japan. Die Reispflanze gibt dem Volk Reis und Wein, Sandalen und Hüte, Matten und Dächer. Jeder Japaner ißt beinahe zu jeder Mahlzeit Reis – 184 Kilo pro Person im Jahr, im Vergleich zu sieben Kilo in den USA – und ist auch dann zufrieden, wenn nicht viel mehr als eine gesalzene Pflaume, ein Stückchen Seetang oder ein getrockneter Fisch dazukommen. Das Wort „gohan" heißt „Reis", aber auch „Mahlzeit".

Die Reiskultur gibt dem Jahr seinen Rhythmus, hat japanische Sitten und Bräuche geprägt. Bei Tisch soll man immer um zwei Schalen Reis bitten – eine allein ist für einen Toten –, und man soll sie bis zum letzten Korn leeren.

Am 10. Juni wird im heiligen Reisfeld des Inari-Tempels das Ritual des Reispflanzens abgehalten. Der Kaiser zieht sich seine Wasserstiefel an und setzt das erste Pflänzchen. Am 8. November wird in demselben Tempel für die üppige Reisernte gedankt, frisches Reisstroh verbrannt und religiöse Musik gespielt.
Der erste junge Reis ist für die Götter, der nächste ist für die kaiserliche Familie.
Bei jeder Feier ist Reis die erste Opfergabe.

„Beginn unserer Kultur war das Singen beim Reispflanzen tief auf dem Land", schrieb Matsuo Basho, der Dichter.

伏見稲荷
伏見稲荷
伏見稲荷

SUSHI

Moderne Variationen auf ein klassisches Thema.

Reis ist die Basis des „sushi". Mit Fisch oder Meeresfrüchten wird er belegt. Fast alle Fische und Schaltiere, die man für die etwa dreißig verschiedenen Sushi-Beläge braucht, werden aus Australien, Afrika, Amerika und Mexiko eingeflogen, denn auf Tokios Gewässer ist kein Verlaß mehr.

Sushi, oder besser: handgeformtes Sushi, entstand in Tokio um die Mitte des 19. Jahrhunderts. Man aß es frisch von der Karre – ein billiges, volkstümliches Vergnügen. Als Belag verwendeten die Händler die Fische aus der Bucht von Tokio, die damals von Thunfischen wimmelte. „Thunfisch-Sushi ist für die Katzen", sagten deshalb die feinen Leute verächtlich.

Heute gehört Thunfisch-Sushi zu den beliebtesten und besten. Die Japaner verbrauchen 450 000 Tonnen Thunfisch im Jahr. Zehn Prozent aller Thunfische werden auf Tokios Fischmarkt Tsukuji umgeschlagen.

CALIFORNIA-SUSHI

West-östliche Allianz.

Der „itamae“, der virtuose und künstlerische Sushi-Koch, wird in Japan von westlichen und hauptsächlich kalifornischen Restaurants oft abgeworben. In Kalifornien entwickelten die japanischen Köche einen neuartigen „California“-Sushi-Stil, wie hier diese beiden Sushistücke mit Lachsrogen und Shiso-Blatt. „Kalifornisch“ ist das riesige Shiso-Blatt, das über die Nori-„Wand“, die den Lachsrogen stützt, herüberweht. Im klassischen Sushi wird Shiso kleingehackt und im Reis versteckt – nichts weht.

Statt der Sushi-Karren des letzten Jahrhunderts, vor denen man sein Sushi im Stehen mit den Fingern aß, gibt es in Tokio heute 15 000 Sushi-Restaurants. Es gibt Sushi am Fließband und Sushi, das in Miniaturbooten auf künstlichen Wasserarmen herumfährt. Sushi-Bars geben sich ein modisches Image, um eine elegante, weibliche und auch ausländische Klientel anzulocken.
In den „California“-Sushi-Bars wird Sushi mit Belägen aus Tofu oder Eiscreme, Schinken, Fleisch oder Blumenkohl, Tomaten oder Käse, oder sogar mit Erdbeeren oder Äpfeln serviert. Neue Sushi-Namen kommen auf, wie „Crazy Horse“, „Porgy“, „Boston Roll“.

„Dies alles ist umständlich herzustellen und unerfreulich im Geschmack“, sagt ein junger Sushi-Meister in Tokios Stadtviertel Shibuya. „California-Sushi ist gut genug für Ausländer, die keine feine Zunge haben. Unsere japanischen Kunden kommen nach ein paar Experimenten zum wahren Sushi zurück.“

CHIMAKA-SUSHI

Traditionelles Sushi in Zwergbambusblätter und in Omelett gehüllt.

Sushi kommt von „su" – Essig – und bedeutet „mit Essig gesäuerter Reis".

Die japanischen Bauern aßen früher kaum Reis, denn mit Reis mußten sie ihre Steuern bezahlen. Reis wurde für Tempelfeste und zum Verschenken aufbewahrt und immer wie eine Kostbarkeit überreicht. Es gibt viele alte, heute noch gebräuchliche Rezepte, bei denen der Sushi-Reis auf praktische und zugleich ästhetische Art zum Aufbewahren, Mitnehmen oder Verschenken gestaltet und verpackt wird.

„Chimaki-Sushi" ist in Zwergbambusblätter gedämpfter Sushi-Reis, der oft mit Fischstücken gewürzt wird. Bei diesen fünf verschiedenen „Chimaki-Sushi" erkennt man an den kleinen roten und rosa Papieren, womit sie gewürzt sind.

„Chakin-Sushi" ist in Omelett gewickelter Sushi-Reis, der ebenfalls auf verschiedene Weise gewürzt wird. „Chakin" heißt das Seidentuch, in das man bei der Teezeremonie die eigene Tasse wickelt.
Zu Sushi wird nur Tee getrunken, niemals Reiswein.

ちまき
有職

SUSHI ZUM MITBRINGEN

Reis mit Aal in Zwergbambusverpackung.

„Chimaki" heißt die Verpackungsart, bei der ein Zwergbambusblatt zu einem hübschen Trichter geformt und mit Sushi-Reis gefüllt wird. Jedes Chimaki-Paket läßt sich gut mitnehmen und ist leicht zu öffnen, denn es wird nur mit gezwirbelten Bambusstreifen verschnürt. Der Inhalt bleibt frisch und duftend.

Diese alte ländliche Sitte hat sich über die Jahrhunderte erhalten und ist heute bei Feinschmeckern in den Großstädten ein beliebtes Geschenk.

Ernährungsexperten sind sich einig, daß das fettarme, aber an Kohlenhydraten reiche japanische Essen zum Überleben völlig ausreicht. Wichtig ist nur, daß der Mensch sich dabei bewegt, denn sonst streikt die Verdauung.

Essen in frische Bambusblätter zu verpacken, ist eine typische japanische Sitte.

SUSHI-TORTE

Als Geschenk in einer flachen, mit Bambusblättern ausgelegten Holztonne verpackt.

„Oshi-Sushi" ist eine traditionelle Zusammenstellung von Reis und Fisch. Beides wird schichtweise in eine kleine Holztonne gepreßt und dann wie ein Kuchen aufgeschnitten.

Oshi-Sushi geht auf die schon vor tausend Jahren angewandte Methode zurück, Fisch in gärendem Reis zu konservieren. Reis und Fisch wurden in einen Bottich geschichtet und gärten dann unter einem Steingewicht ein bis drei Jahre lang. Danach warf man den Reis weg und aß den Fisch.

Hieraus entwickelte sich im 15. Jahrhundert ein neues und kürzeres Verfahren: Nach einem Monat, wenn der Reis schon sauer war und der Fisch noch roh, aß man beides zusammen. Das Sushi in seiner heutigen Form gibt es erst seit hundert Jahren.
In jedem Sushi-Restaurant kann man immer noch zwei Sorten von Sushi bestellen: das handgeformte in mundgerechten Stücken und das in einer kleinen Schale, bei dem verschiedene Fisch- und Schaltierstücke auf einem Bett aus Sushi-Reis liegen.

SOJASAUCE

Das Salz der Japaner.

Sojabohnen heißen in Japan „das Fleisch der Felder", denn sie sind voller Proteine und Fette und deshalb mit ihrem Nährwert ein Ersatz für Fleisch.

Die Zen-Mönche, denen Fleisch verboten war und die in ihrer Diät auf die Proteine der Sojabohne angewiesen waren, haben eine Vielzahl von Anwendungsmöglichkeiten der Sojabohne erfunden. Aus Sojabohnen werden Sojasauce und gegorene Sojapaste (Miso) gemacht, Sojaquark (Tofu), Sojamilch, Sojamilchhaut, Sojaöl und vieles andere mehr. Auch Sojakeime und frische Sojabohnen werden gegessen, die letzteren gewöhnlich zum Sake.
Sojasauce ist Japans Salz. Der Geschmack einer Speise hängt von der Qualität der Sauce ab, und man sagt sogar, roher Fisch werde in Japan erst gegessen, seit es Sojasauce gibt, die ihm den „Fischgeruch" nimmt. Wie guter Wein oder guter Tabak ist sie, je nach Provinz, von unterschiedlicher Intensität.
Sojasauce kennt man in Japan seit dem Jahr 710; seit Ende des 16. Jahrhunderts wird sie kommerziell hergestellt. Die Holländer, die damals die einzigen westlichen Handelspartner der Japaner waren, hatten ein Monopol auf die Ausfuhr von Sojasauce nach Europa. Sie brachten sie auch nach Frankreich, an den Hof Ludwig XIV. Um 1877 interessierte sich ein deutscher Professor Langgardt, der an Tokios kaiserlicher Universität lehrte, für alle Einzelheiten des Herstellungsverfahrens. Zurück in Deutschland, stellte er eine Sojasaucen-Imitation her, die er als „Maggi" patentieren ließ. „Maggi" ist abgeleitet von „Mogi", dem Namen eines japanischen Sojasaucenfabrikanten aus Noda.

Sojasauce entsteht aus Sojabohnen, Korn, Salz und Wasser. Die Weizen- und Gerstenkörner werden braun geröstet und dann gemahlen, die Sojabohnen in einem riesigen Kessel gekocht. Beides wird mit Salz und klarem Wasser vermischt und gärt in tiefen Holzzubern, bei regelmäßigem Umrühren, sechs bis neun Monate lang. Die Masse wird dann ausgepreßt, und die Sojasauce ist fertig. Was übrig bleibt, wird an die Schweine verfüttert.

Bei der Massenproduktion verkürzt man den Gärungsprozeß mit Chemikalien. In kleinen Familienbetrieben aber wird Sojasauce noch immer nach altem Rezept mit der Hand umgerührt.

Trotz des erheblich höheren Preises ist dieses hausgemachte Naturprodukt bei Restaurants und Gourmets sehr begehrt.

Für ein vegetarisches Menü: Schwammtofu mit Karotten, Bohnen und Seegras gefüllt und in „Nori“ eingewickelt.

Für die Herstellung von Tofu (Sojabohnenquark) werden die Sojabohnen eingeweicht, gemahlen, gedämpft und durch ein Sieb gestrichen; die Masse gerinnt durch Hinzufügen von etwas Reiswasser, tropft durch weiße Baumwolle ab, erstarrt und wird in Würfel geschnitten.

Die Mönche des buddhistischen Koya-Tempels bei Osaka legten eines Nachts ihr Tofu auf das Klosterdach. Es gefror und wurde so hart wie Bimsstein. Als sie es morgens in Wasser legten, taute es auf und wurde schwammig. Das war vor 500 Jahren. Seitdem ist tiefgefrorenes oder Schwammtofu eine beliebte Zutat in der Tempelküche.

Tofu, das von Haus aus keinen Eigengeschmack hat, braucht die Kunst des Kochs; man kann es kochen, backen, dämpfen, braten, grillen, gefrieren oder roh essen. Immer ist es ein nahrhaftes, proteinreiches, billiges Essen, für das es heute mehr als hundert Rezepte gibt. Besonders geschätzt wird Tofu in der japanischen „nouvelle cuisine“ und bei allen rein vegetarischen Menüs. Manche Japaner beklagen nur, daß die Qualität der Bohnen und des Wassers nicht mehr die alte ist, daß die Tofuverkäufer nur noch selten mit ihrer frischen Ware auf dem Fahrrad durch die Straßen fahren und daß sie Tofu zumeist im Warenhaus kaufen müssen.

TOFU-SUSHI

Fein mit Lauch und „Nori".

Tofu ist seit Jahrhunderten ein Hauptbestandteil des täglichen japanischen Essens. Es ersetzt das Fleisch und kommt in jeder Familie mindestens einmal am Tag in irgendeiner Form auf den Tisch.

Die Herstellung von Tofu, für die früher der Tofumacher des Dorfes oder des Stadtviertels zuständig war, wird heute großenteils von vollmechanisierten Fabriken besorgt, die Tofu am Fließband herstellen und im ganzen Land vertreiben. Bis zu zwanzig Tonnen Sojabohnen werden auf diese Weise pro Tag verarbeitet. Aus den gemahlenen und gekochten Bohnen wird die Sojamilch gepreßt und durch Beimischung von Kalziumsulfat und Magnesiumchlorid geronnen. Der fertige Sojaquark kommt als Seidentofu, gekühltes, tiefgekühltes oder gewöhnliches Tofu in kleinen Plastikschachteln auf den Markt.
Da es in Japan keine bewußte vegetarische Bewegung gibt – die japanische Küche macht ohnehin hauptsächlich von Pflanzenprodukten Gebrauch –, werden die verschiedenen Tofusorten auf althergebrachte Weise angerichtet.

In Sushi-Bars, wo sich die Köche an westlichen Trends orientieren, wird der schwere, säuerliche Reis durch das zarte, fast geschmacklose Tofu ersetzt. Obendrauf kommt ein Bündel aus Lauch, mit einer Manschette aus Nori gehalten – eine Kreation der japanischen „nouvelle cuisine".

KOBE-BEEF

Roh, in Scheiben und als Hülle für Sushi-Häppchen.

In alten Zeiten lebten die Japaner von der Jagd. Rinder und Pferde waren tabu, denn sie dienten der Arbeit auf dem Feld. Der Hofadel hielt sich an das buddhistische Verbot und aß überhaupt kein Fleisch – und bald tat das Volk es ihm nach.
Erst am Anfang des 19. Jahrhunderts forderten die fortschrittlicheren Japaner, sich der neuen Zeit anpassen und Rindfleisch essen zu dürfen. Erst 1873, als Japan den Ausländern seine Türen geöffnet hatte, wurde das Verbot durch einen kaiserlichen Erlaß endlich aufgehoben. Der Meiji-Kaiser selbst ließ sich beim Fleischessen sehen: Es war nicht nur keine Sünde mehr, es war zur patriotischen Pflicht geworden, damit die Jugend der Nation kräftig heranwachse: „Niemals war eine patriotische Pflicht so angenehm", schrieb ein Zeitgeschichtler.

Fleisch kam im „Sukiyaki"-Stil in Mode. Hauchdünne Rindfleischscheiben werden vom Gast selbst gegrillt. Damit sie dabei nicht austrocknen, muß das Fleisch mit viel Fett durchzogen oder, wie die Japaner sagen, „weiß marmoriert" sein: das „gelbe Fett" am Rand des importierten Rindfleisches ist für sie ungenießbar.

Das beste japanische Rindfleisch kommt aus der Stadt Kobe und hat sich mit seiner schönen Marmorierung den Namen „shimofuri", „frostbedeckt", verdient. Weil es dort kaum Weiden gibt, werden die Kühe in Ställen gehalten, mit Getreide, importierten Konzentraten und sogar mit Bier gemästet und mit Sakewein, Bier oder Öl massiert. Dadurch dringt das Fett in das magere Fleisch ein: Je stärker die Marmorierung, desto höher der Preis.

Das stark gemästete Kobe-Beef ist in Japan eine Spezialität und ein echter Luxus.

UDON MIT MYOGA

Frische Buchweizennudeln und frische Lauchzwiebeln.

Eine Schale Buchweizennudeln, „Myoga“ genannt, ob kalt mit frischgehackten Zwiebeln in Sojasauce oder in heißer Suppe, ist Tokios Leibgericht. Das Wasser, in dem sie gekocht haben, wird am Ende der Mahlzeit mit dem Rest der Sojasauce vermischt und aus der Schale getrunken. Nichts wird weggeschüttet, nichts wird vergeudet.

Nudeln muß man geräuschvoll in sich hineinschlürfen, nur so tut man sein Wohlbehagen kund. Sie werden deshalb auch „Japans lautestes Essen“ genannt. Den Eßrekord hält ein Sumo-Ringkämpfer, der 50 Schalen Sobanudeln hintereinander verschlang.

Buchweizen ist so nahrhaft, daß die Ninjya-Samurais, die Geheimagenten aus der Feudalzeit, die sich nur in Schwarz kleideten und geheime Waffen trugen, in ihrem Proviant stets Sobamehl mit sich trugen. Mancher buddhistische Asket lebte allein von Obst und Soba.

Sobanudeln werden meist als Imbiß gegessen; weil sie so lang sind wie das Leben, das man sich gegenseitig wünscht, gehören sie zu vielen traditionellen Festen. Zum Altjahrsabend gehören sie unbedingt, denn sie sind das klassische „Jahresübergangsessen“, bei dem das emsige Schlürfen vor den Karren und Buden das Läuten der Tempelglocken übertönt.

„Altjahrsabend
Schlürfende Sobaesser
stehen überall“
heißt ein alter Reim aus Edo.

Soba wird auch den steinernen Füchsen geopfert, die vor allen Inari-Tempeln Wache stehen. Obwohl sie die Boten der Reisgöttin sind, essen sie dennoch Buchweizennudeln lieber als Reis!

NUDELN

Luftgetrocknete Weizen-, Buchweizen- und Eierteignudeln, in einem kleinen Familienbetrieb handgemacht.

Gemahlenes Korn ist der Menschheit noch viel länger bekannt als Reis. Man verarbeitet es in Asien seit 5000 v. Chr. In Japan wurde das Anpflanzen von Buchweizen im 8. Jahrhundert Pflicht, denn er gedieh auf kargem wie auf fruchtbarem Boden und mußte bei Dürre den Reis ersetzen. Die japanischen Bauern und Bergbewohner haben schon immer mehr Weizen und Buchweizenbrei gegessen als Reis.

Nudeln wurden in Japan erst im 17. Jahrhundert erfunden. Seitdem sind die Japaner zu großen Nudelessern geworden. Sie essen sie zu freudigen wie traurigen Gelegenheiten, zu Hochzeiten wie zu Begräbnissen, und sie essen sie, stehend oder sitzend, zwischendurch: Nudeln sind sozusagen der älteste japanische Schnellimbiß.

Es gibt sie aus Buchweizen, aus Weizen, aus Eierteig, frisch oder getrocknet, und es gibt sie als „Instant-Nudeln", gleich mit den passenden Gewürzen dazu. Sie werden hauptsächlich maschinell hergestellt und in getrockneter Form verkauft, aber wer irgend kann, ißt sie, kaum sind sie gemacht.

Frisch ausgerollt, sind sie überall zu haben: in Buden, an der U-Bahnstation, im Plastikbeutel zum Mitnehmen. Immer wieder geht man an einem Nudelstand vorbei, immer wieder fährt ein Bursche auf dem Fahrrad vorbei, der ein Tablett mit Nudelsuppen jongliert, die er bei einer Familie oder in einem Büro abliefern soll. Manche Nudelstände sind bis tief in die Nacht geöffnet. Taxifahrer wissen stets, wo es noch eine letzte Nudelsuppe gibt.

特級素麺
蒼龍の糸
寒製手延
蔵囲
蒼龍の糸
寒製手延
蒼龍の糸

SHISO
Shisoblüten zum Verkauf auf dem Markt, in einem Holzkästchen unter Plastikfolie feucht verpackt.

Nach japanischem Glauben haben Pflanzen eine Seele. Wer sie ißt, nimmt einen Teil ihrer Seele auf.

Nach alter Sitte ging jeder Japaner Anfang des neuen Mondjahres aufs Land und aß die „Sieben Gräser". Auf diese Weise nahm er die Vitamine zu sich, die seiner Nahrung im Winter gefehlt haben.

Sobald einer Pflanze eine medizinische Eigenschaft zugesprochen wird, übernimmt sie die japanische Küche unverzüglich.

Die vegetarische Tempelküche hätte ohne ihre gesunden und aromatischen Gewürze kaum überleben können.

Shiso, das Perilla-Blatt, hat ein frisches Aroma und einen starken, pfefferminzartigen Geschmack. Es ist reich an Vitaminen und wächst auf jedem Balkon, wie bei uns die Petersilie. Roter Shiso wird zum Färben von eingelegten Gemüsen verwendet, grüner Shiso taucht in vielen Gerichten auf. Seine lila Blüten ißt man zum Sashimi.

AUBERGINE
Gegrillt und mit Shisoblatt gefüllt in moderner Bastschale.

Unter dem Einfluß des Buddhismus und seiner vegetarischen Küche fingen im 15. Jahrhundert auch die einfachen Leute an, in den Hügeln der Kaiserstadt Kyoto Gemüse anzubauen. Weißer Rettich, rote Paprikaschoten und die violette Aubergine wurden bald im ganzen Land beliebte Delikatessen.
In kurzer Zeit entwickelte sich „o-banzai", eine volkstümliche Küche, die Gemüse als Nebengerichte zum Reis servierte. Die vielbeschäftigten Hausfrauen legten bestimmte Tage fest, an denen das jeweilige Gemüse auf den Tisch kommen sollte, hauptsächlich an den Jahreszeiten orientiert – eine Regel, die für die japanische Küche charakteristisch ist.

Um nun das ganze Jahr ein paar Gemüse zum Reis zu haben, wurden neue Konservierungsmethoden erfunden: In Salz oder Reiswasser eingelegt und gegoren, hält sich jedes Gemüse für längere Zeit frisch.

Die Aubergine ist eine der unendlich vielen Sorten von eingelegten Gemüsen, „tsukemono" genannt, ohne die das japanische Essen nicht denkbar wäre. Mit Senf mariniert, wird sie zum morgendlichen Reis gegessen. Es gibt sie auch gegrillt oder in Suppen, und ihre „federnde Konsistenz" darf im herbstlichen Kaiseki-Mahl nicht fehlen.

Aber am köstlichsten ist noch immer frisches, reif gepflücktes Gemüse. „Gib im Herbst deiner Schwiegertochter keine frische Aubergine zu essen", sagt man in Kyoto und meint damit: Verwöhne sie nicht.

Unter den unzähligen Aberglauben, die das Leben der Japaner auf Schritt und Tritt begleiten, hat einer auch die Aubergine zum Thema:
Wem in der dritten Nacht des neuen Jahres der Fuji-Berg, ein Habicht oder eine Aubergine im Traum erscheint, den erwarten glückliche Zeiten!

KABAYAKI

Gegrillte Aalstücke auf einem Reisbett.

Japan ist das Land, in dem mehr Aal gegessen wird als in jedem anderen Land.

„Kabayaki", das Rezept, dem er seine erstaunliche Popularität verdankt, kam vor dreihundert Jahren im alten Tokio auf und wurde sofort ein großer Erfolg: der Aal wird gehäutet und zerteilt, dann gegrillt, damit sein Fett abträufelt, gedämpft, mit einer speziellen Sojasauce bepinselt und nochmals gegrillt. Die fertigen Aalteile werden dem Gast auf einem Reisbett, in einer rechteckigen Lackschachtel serviert. Eine Schale mit Suppe aus Aalleber wird dazu gereicht. Man sagt, es dauere ein Leben, bis ein Koch die Kabayaki-Kunst voll beherrscht und der Aal wahrhaft auf der Zunge zerschmilzt. Geräucherter Aal ist in Japan unbekannt.

In Japan hat jede Spezialität ihr Restaurant, ihren Koch, ihre passenden Gefäße, ihre Jahreszeit und ihre Riten.

Sobald der heiße Sommer abklingt und „der Herbst sich ansagt", ziehen die Japaner in Scharen in die Aalrestaurants, denn in Herbstnächten wird der erwachsene Aal gefischt. Er verläßt dann die Teiche und Seen, in denen er aufgewachsen ist, schwimmt die Flüsse wieder hinunter, die er acht Jahre vorher als Aalquappe heraufgeschwommen war, und kehrt zum Ozean zurück, um dort seinen Rogen abzulegen und zu sterben.

Die meisten Aale werden in Japan heute in künstlichen Teichen und Seen von Hamanatsu gezüchtet. Unter Plastik, bei dreißig Grad Hitze und hoher Feuchtigkeit, mästet man ihn so intensiv, daß es nicht mehr acht Jahre, sondern nur noch neun bis zwölf Monate dauert, bis er ausgewachsen ist und gegessen werden kann.

Aalrestaurants sind das ganze Jahr über geöffnet, doch es hält sich die alte Sitte, Aal hauptsächlich im Herbst zu essen – in seiner ursprünglichen Hauptsaison.

BENTO
Elegante Lunchbox aus einem Restaurant in Tokio.

Das japanische Wort „bento" kommt von „praktisch". Was wäre praktischer als eine warme Mahlzeit in der Schachtel, mit Stäbchen und Sojasaucenfläschchen zum Mitnehmen?

Ursprünglich war „bento" eine Verlegenheitslösung: Man erwartete viele Gäste, hatte nicht genug Personal, um sie alle persönlich zu bedienen, also drückte man jedem einzelnen eine quadratische Schachtel aus hellem Holz in die Hand, gefüllt mit Leckerbissen. Daraus entwickelte sich eine eigenständige Kochkunst mit unzähligen regionalen Varianten.

In Kyoto war diese praktische Sitte bald so weit verbreitet, daß in manchen Familien schließlich überhaupt nicht mehr gekocht, sondern jede Mahlzeit im Laden bestellt und aus Schachteln gegessen wurde. „Kein Familienmitglied, meine Mutter inbegriffen, hat je eine Mahlzeit gekocht", erinnert sich der Sohn eines kleinen Textilbetriebes in Kyoto, in dem Arbeiter und Besitzer jeden Tag zusammen ihr Bento-Lunch von einem „shidashi-ya" bestellten und gemeinsam aßen.

Oft sah die Lunchbox recht bescheiden aus. Soldaten bekamen in schwerer Zeit nur eine „hinomaru-bento", eine „Lunchbox der aufgehenden Sonne": auf weißem Reis eine rote Salzpflaume. Sie erinnerte an die japanische Flagge.
Die Bento-Tradition lebt weiter – trotz tausender Restaurants. Zur Schule, aufs Feld, in die Fabrik, ins Büro, ins Theater, zum Betrachten der Kirschblüten oder zu anderen Landpartien nimmt man die Lunchbox mit, ist deshalb von Lokalen unabhängig und spart Geld. Man bereitet sie sich zu Hause vor oder kauft sie im Vorbeigehen an Karren, Schnellimbißständen oder in Kaufhäusern.

Am beliebtesten ist die „ekiben", die „Bahnhofs-Lunchbox". Wo der Zug auf der Durchreise hält, da kauft man sich in immer wieder verschiedener Bento-Aufmachung und -Zubereitung, was man gerade durch das Zugfenster auf den Feldern hat wachsen sehen.

Wo gibt es das sonst auf der Welt? Wo sonst reist die Zunge so schnell wie das Auge?

VERPACKUNG

Frische Pilze, eine Stange „Yokan"-Konfekt und fünf Eier in Reisstroh.

Die Angewohnheit, ländliche Erzeugnisse auf natürliche Weise in Holz, Stroh, Blätter oder Bambus zu verpacken, gibt es überall auf der Welt.

In Japan, wo hauptsächlich Reis angebaut wird, benutzt man Reisstroh auf verschiedenste Weise zum Verpacken und Umhüllen, denn es ist trocken und luftig, biegsam und widerstandsfähig zugleich.

So ist zum Beispiel eine Hülle aus Reisstroh die stabilste Art, fünf Eier bruchsicher zu transportieren und gleichzeitig sichtbar feilzubieten.

Reisstroh wird in der japanischen Religion mit Reinheit gleichgesetzt, Tempel werden damit dekoriert. Die Bauern verarbeiten es mit Andacht und jahrhundertealter handwerklicher Erfahrung.

YOKAN

Konfekt aus roter Bohnenpaste, in Bambusrinde gedämpft und mit kandierten Maronen gefüllt.

Die chinesischen Muselmanen opferten ihrem Gott Schafsfleisch mit braunem Zucker. Die japanischen Buddhisten, die im 14. Jahrhundert diese „Süßigkeit“ in Japan einführten, ersetzten das Schafsfleisch, das sie nicht essen durften, durch rote Bohnenpaste. So entstand Japans ältestes und immer noch beliebtestes Konfekt: „yokan“.

Rote Bohnen – man nennt sie „die Rubine der Felder“ – bilden den Grundstoff vieler Süßigkeiten. Für „yokan“ werden sie gemahlen, mit Zucker oder „ame“, dem Hortensiensaft, gesüßt, mit Pfeilwurzstärke angedickt, manchmal gefüllt und in einer Hülle aus Naturprodukten gedämpft. Die Art der Füllung hängt von der Jahreszeit ab, die der Verpakkung von den Sitten des jeweiligen Ortes.

Die Bauern von Kagoshima im südlichen Kyushu wickeln ihr „yokan“ in die undurchlässige Rinde der jungen Bambussprossen ein, die mit ihrer papierartigen Konsistenz und hübschen Zeichnung zum Verpacken, Verschnüren und Verschenken von eßbaren Dingen wie gemacht scheint.

KAKIS

Frische Kakis am Zweig, getrocknete Kakis am Zopf, Kakis als Konfekt nachgebildet.

Im Spätherbst, wenn die Kakis an den blattlosen Bäumen reifen, holen die Frauen die rostroten Kimonos aus dem Schrank.

Kakis werden von den Japanern als wertvollstes Obst verehrt. Sie sind ein Symbol für Gesundheit und Wohlstand, sie werden den Göttern geweiht und als Geschenk mitgebracht.

Der Grund zur Verehrung einer Frucht liegt in Japan oft in ihrer Nützlichkeit. Kakis sind reich an Vitamin A und C, deren Mangel zur Erblindung führen kann. Besonders in den eingeschneiten Teilen des Landes kam es nicht selten vor, daß erblindete junge Mädchen an die Gilden der blinden Wandersängerinnen verkauft werden mußten. Ein Wintervorrat an getrockneten Kakis konnte sie vor diesem Los bewahren.

Kakis gibt es in vielen Sorten. Die süßen werden frisch gegessen; die bitteren enthalten Gerbstoff und werden für den Winter konserviert. Sie lagern zum Ausreifen in leeren Sakefässern oder werden geschält, getrocknet und in Zukker gelegt.

Kakis scheinen auch magische Kräfte zu haben. Japanische Jäger nahmen in Essig gelegte Kakis mit auf die Jagd, denn sie hielten sie für ein wirksames Heilmittel gegen den Biß der Vampire in den Bergen!

SAKE
Reiswein in einem Holzfaß mit Reisstroh umwickelt im Umenomiya-Tempel in Kyoto. Der Adler ist Symbol der Kraft.

Mächtige Sakefässer stehen zu Hunderten im Schrein der Sake-Göttin bei Kyoto – eine Stiftung der japanischen Sakebrauer. Einige Sakefässer stehen auch in all den unzähligen Schreinen des Landes, die der Reisgöttin geweiht sind, denn Sake – der japanische Reiswein – wird aus Reis und Wasser gemacht.

Nach der Reisernte im Herbst halten die Sakebrauer ihre Reinigungsriten ab. Dann beginnen sie mit dem Brauen, das den Winter über dauert und im Frühling endet, wenn der neue Reis gesät wird und ein neuer Reiszyklus beginnt.

Die Herstellungsmethode des Sake ist im wesentlichen durch die Jahrhunderte gleichgeblieben. Ihr Geheimnis liegt in der „Hochzeit" vom „koji", einem besonderen Reisenzym, mit der Hefe-Maische, also in einem doppelten Gärungsprozeß, wie man ihn sonst nicht kennt. Gedämpfter Reis und Wasser werden in drei Etappen zur Maische gegeben. Der vollständige Gärungsprozeß dauert ganze hundert Tage und wird traditionsgemäß von Saisonarbeitern getan, von Fischern und Bauern, die in den Wintermonaten keine Arbeit haben. Die Rolle der Vorarbeiter, der Braumeister oder „toji", gleicht der von hohen Priestern.

Der heikelste Teil der Arbeit besteht in der Produktion des „koji", von dem man sagt, daß er die Seele des Reisweins sei, wie Malz die des Biers. In den kältesten Stunden der Nacht erhitzen die Arbeiter unter der Leitung ihres „toji" die Zuber voller gärendem Reis und singen dabei alte Lieder, zu deren Takt sie die Zeit messen, die sie auf das genaueste einhalten müssen: „Es herrscht eine heilige Stimmung."

In modernen Sake-Fabriken wird die schwere körperliche Arbeit durch Computertechnologie ersetzt. Biochemische Forschungen ersetzen die Erfahrung der „toji", hochspezialisierte Techniker übernehmen die Aufsicht. Sake wird dort das ganze Jahr über hergestellt, unabhängig von Tages- oder Jahreszeiten.
Trotzdem versuchen kleinere Fabrikanten, wenigstens so lange an den traditionellen Herstellungsmethoden festzuhalten, wie ihre alten „toji", von deren Erfahrung und Intuition die Qualität des klassischen Sake abhängt, sich noch nicht zur Ruhe gesetzt haben.

キンシ正宗
登録商標
金閣
酒の中の酒

REISWEIN UND TINTENFISCH

Snacks zum Sake, Flaschen und Trinkschalen aus getrockneten Tintenfischen.

In jeder Sake-Schenke gibt es zum Reiswein etwas zum Knabbern. Diese salzigen Kleinigkeiten, die man „sakana" nennt, bestehen hauptsächlich aus Fisch – Fisch in jeglicher Form. Sogar Flaschen und Gläser für Sake werden aus getrocknetem Tintenfisch geformt. Der Sake nimmt dann den Geschmack des Tintenfisches an und die vom Sake durchweichten Tintenfisch-Gläser und -Flaschen lassen sich hinterher essen.

Niemals wird dem Saketrinker eine richtige Mahlzeit serviert, denn ihm geht es ums Trinken. Niemals wird er Reis zum Sake essen, denn Reis und Reiswein harmonieren nicht – sie stammen von derselben Pflanze.

Sake, Japans Reiswein, ist so alt wie die japanische Kultur selbst. Er stammt aus den Zeiten, als die Menschen noch mit den Göttern kommunizierten und sich im Rausch zu ihnen emporschwangen. Man hielt ihn zuerst für eine göttliche Arznei, für den Trunk der himmlischen Geister, welche die gesamte japanische Natur bevölkern. In den Bergen gibt es Bauern, die eine lebendige Giftschlange in ihre Sakeflaschen versenken und den Alkohol dann ein paar Jahre später in der Überzeugung trinken, sich damit besondere Kräfte anzueignen.

Das Monopol der Sakegärung gehörte dem Kaiserhof, der es aber in späteren Jahrhunderten an Klöster und Gilden abtrat – und Sake wurde zum volkstümlichen Vergnügungstrunk, den es auf jedem Markt zu kaufen gab. Für die modernen Japaner ist Sake heute noch beides: Opfergabe und berauschendes Getränk.
Die Japaner sind überzeugt, daß auch die Götter den Reiswein lieben. Also ist Sake der rituelle Trunk bei allen Tempelfesten, besiegelt Sake eine Eheschließung oder eine Totenfeier. Wer sich an Sake berauscht, der ist den Göttern näher. Egal, wieviel ein ehrwürdiger Geschäftsmann abends trinkt, egal ob er lacht, weint, auf dem Kopf steht oder sich in öffentlichen Parks zum Schlafen legt, egal, welche Schwächen er beichtet oder welche Sünden – niemand wird ihm das am nächsten Morgen vorhalten, denn er war ja berauscht, also in begnadetem Zustand.

Das wahre Saketrinken hat Raffinement. In alten japanischen Sakeschenken herrscht eine beinahe feierliche Stimmung. Der Sakemeister kniet vor einem Kohlefeuer, auf dem er den Reiswein in einem tönernen Kessel anwärmt; seine Gäste sitzen im Halbdunkel auf Strohmatten und unterhalten sich leise. Der Connoisseur kostet diesen Augenblick voll aus, er prüft den Sake auf Blume, Geschmack und Farbe. Frauen mittleren Alters nehmen die Bestellungen von „sakana" entgegen.

Es gibt in Japan über 3000 Sakebrauer und ebenso viele verschiedene Sakesorten.
Es gibt starken und leichten, süßen und trockenen Sake.
Sake wird warm oder kalt und neuerdings auch „on the rocks" getrunken. Zum Sakezeremoniell gehört, daß niemand das eigene Glas füllt.

TSUKUDANI

Leckerbissen zum Sake.

Diese kandierten Garnelen liegen dem Genießer süß-sauer, klebrig und etwas rauchig auf der Zunge und passen besonders gut zum Sake.

Früher schwammen unendlich viele Sorten kleiner Fische und Meeresfrüchte um die Tsukuda-Insel in der Bucht von Tokio. Heute müssen die Zutaten woanders gekauft werden, doch die Fischer verarbeiten sie immer noch in kleinen Familienbetrieben zu den beliebten „tsukudani".

Dabei wird einiges geräuchert, einiges fritiert, einiges in gezuckerter Sojasauce gedämpft und wird, auf Stöckchen aufgespießt, zum Sake serviert.

SAKANA
Kleinigkeiten zum Reiswein.

Zu den „sakana“, den Kleinigkeiten, die man zum Sake ißt, sind heute auch die gefriergetrockneten Meeresfrüchte hinzugekommen.

In traditionellen „izakaya“, den Sakeschenken, in denen früher die Tagelöhner ihr Glas im Stehen kippten und sich höchstens ein wenig Salz dazu leisteten, sitzen heute die japanischen Büroangestellten abendelang nebeneinander, bestellen sich Leckerbissen von langen „sakana“-Menüs und reden. Stellungs- und Klassenunterschiede sind vergessen, jeder kommt mit jedem ins Gespräch.

Für einsame oder romantische Seelen ist „yuki-mizake“ – „Saketrinken und Schneebetrachten“ – das klassische Wintervergnügen. Überhaupt sind im japanischen Kult der Jahreszeiten Schnee und Sake ein unzertrennliches Paar.

MODERNE SNACKS

Gefriergetrocknete Erbsenschoten, Lotus-, Kürbis-, Apfel- und Süßkartoffelscheiben.

Dank der neuen technischen Errungenschaften hat der Nährwert des japanischen Essens, der früher so gering war, daß das Volk sich trotz seines ausgeprägten Erfindungsgeistes oft kaum am Leben halten konnte, ungeheuer zugenommen.

An Qualität hat es aber zweifellos viel eingebüßt. Die beste traditionelle Küche können sich nur noch Geschäftsleute leisten. Frauen haben das Kochen aufgegeben. Sie kaufen das Essen fertig, instant, in Supermärkten und Ladenketten, die 24 Stunden am Tag geöffnet sind. Kochen ist ein Hobby für die Reichen geworden.

Aber durch all diesen Fortschritt entstanden auch neue pikante Produkte. So sind zum Beispiel, durch eine Kombination von Fritieren und Tiefkühlen, Gemüse und Obstsorten zu einem neuen Snack geworden, als Beilage zum Sake.

Nicht nur an Geschmack, sondern auch an Nährwert sind diese neuen Köstlichkeiten den früher einfach nur an der Luft getrockneten weit überlegen.

MOCHI
Rechteckige Reiskuchen, zum Trocknen an Reisstrohschnüren aufgehängt.

Reis ist ein göttliches Korn, das auf die verschiedenste Weise verarbeitet wird.

Ein Teil der japanischen Küche besteht aus „mochi", klebrigem Reis: Die Reiskörner werden eine Nacht lang in Wasser eingeweicht, dann über Dampf gekocht und schließlich mit Steinkeulen zu einem zähen Brei geschlagen. Der läßt sich wie Teig ausrollen und ausstechen.
Runde „mochi" dürfen bei keiner Neujahrsfeierlichkeit fehlen, denn sie gleichen dem shintoistischen Spiegel, in dem sich die göttlichen Geister fangen. Sie sind die symbolische Opfergabe, die jede Familie selbst herstellt, um damit die Götter bei ihrem Neujahrsbesuch zu empfangen. Wenn die Familienväter anfangen, mit großen Steinhämmern und lautem Geschrei in den Reisbrei zu schlagen, wissen die Kinder, daß bald ein neues Jahr beginnt.

In den meisten Großstädten werden „mochi" heute nur noch fertig gekauft.

SENBEI

Reiskekse in Nori. Eine Erbse im Biskuitmantel wird durch das bedruckte Einwickelpapier zum Kopf der Keks-Puppe.

„Senbei", die knusprigen Reiskekse, bildeten ursprünglich den Proviant, den die Bauern mit auf die Felder nahmen, und sind immer noch einer der billigsten und beliebtesten Snacks zu Sake oder Bier.

„Senbei" werden mit Sojasauce gesalzen und sind oft in „nori" gewickelt. Der bittere Geschmack der gerösteten Purpuralge paßt gut zum faden Reismehl.

KAMABOKO

Fischpastenriegel als Snacks zur japanischen Cocktailstunde.

„Der Sake sollte angewärmt sein, Sashimi dazu gegessen werden, und eine schöne Frau sollte ihn einschenken", sagten die Kenner aus der Edo-Zeit.

In jeder gewöhnlichen Sakeschenke gibt es statt des inzwischen sehr teuer gewordenen Rohfisches Riegel aus Fischpaste. Man nennt sie „kamaboko" – verwandelter Fisch. Diese Riegel gibt es in allen möglichen Formen und Farben, so daß sie oft mehr wie Süßigkeiten aussehen. Ihr Geschmack ist eher gewöhnlich. Sie werden aus weißem, gehacktem und gewürztem Fischfleisch gemacht, zum Essen tunkt man sie in Sojasauce mit grünem Meerrettich.

FISCHPASTE

Spezialität von der Küste.

Die Japaner lieben es, aus den Provinzen, die sie besucht haben, eßbare Geschenke mitzubringen. So gibt es diese Fischriegel zum Beispiel nur in Odawara im Bezirk Kanagawa. Sie werden aus dem Fleisch von Haifisch und Stint gemacht, zwei Fischen, die nur dort an der Küste gefangen werden.

Diese Art von Mitbringsel gelten als Beweis, daß der Reisende Fremdes wirklich gesehen und erlebt hat.

FISCHPASTE FÜR HOCHZEITSGÄSTE

In den glückbringenden rotweißen Farben und mit der glückbringenden roten Seebrasse.

Die traditionellen Hochzeiten sind in Japan zu einer finanziellen Last geworden, an der die durchschnittliche Familie jahrzehntelang trägt.

Dabei ist das Heiraten an sich in Japan eine besonders einfache Sache. Es genügt, daß Braut und Bräutigam sich gemeinsam in ein Familienregister eintragen – und schon sind sie Mann und Frau. Alles übrige hängt mit Aberglauben und unzähligen glückbringenden Riten zusammen.

Die aufwendigen Riesenpartys sind aus Prestigegründen unvermeidlich, damit das junge Paar weiterhin in der Gesellschaft bestehen kann.
Die moderne japanische Hochzeit ist ein buntes Gemisch von Altem und Neuem, Westlichem und Japanischem. Sonderabteilungen der großen Kaufhäuser oder spezielle „Hochzeitstempel" inszenieren die Show.

Gewöhnlich werden in riesigen „Hochzeitshallen" Dutzende, manchmal sogar hundert Paare getraut. Für das Brautpaar gibt es westliche oder traditionelle shintoistische Kleidung; es gibt westliche oder östliche Musik mit Gesang, Chor, kleinem oder ganz großem Orchester. Es gibt ein Bankett mit manchmal sehr kostbaren Geschenken für oft Hunderte von Gästen. Es gibt Sondereffekte und Gags, bei denen das Brautpaar vom Himmel herabkommt oder auch dorthin entschwebt. Das Ganze wird natürlich in Farbe fotografiert und gefilmt. Bleibende Dokumente für das stolze, nun hochverschuldete Brautpaar sind ein dickes Fotoalbum und ein oder mehrere vollvertonte Videokassetten.

Dies alles ist sicher nicht unter dem Preis eines Mittelklassewagens zu haben, es kann aber bei hohen Ansprüchen und sehr vielen Gästen leicht soviel wie eine kleine Eigentumswohnung kosten. Die junge Generation rebelliert heute gegen diese in ihren Augen sinnlose Geldverschwendung und verwendet ihr Gespartes lieber für Anschaffungen oder die spätere Ausbildung der Kinder.

HOCHZEITSKUCHEN

Aus roter Bohnenpaste mit weißem Guß und Yokanstückchen, hergestellt in einem kleinen Familienbetrieb in Kyoto.

Zum Schmuck für Haus und Kleidung bei einer traditionellen japanischen Hochzeit gehören die vielen Glückssymbole. Die Schildkröte für langes Leben, die Kiefer für Kraft, der Bambus für Biegsamkeit, die Pflaume für Treue in schwerer Zeit und vor allem die glückbringenden Farben Rot, Gold und Weiß.

Auch die Braut trägt ein rotgoldenes Kleid, hat die „Hörner der Eifersucht“ unter einer weißen Haube verborgen und setzt sich vor den Bräutigam hin. Beide leeren dreimal drei Sakeschälchen, die das Heiratsvermittlerpaar ihnen reicht, essen eine Suppe aus roten Bohnen mit weißen Reisbällchen, und damit ist die Eheschließung besiegelt.

Während sich die Gäste zum Hochzeitsmahl setzen, wechselt das Brautpaar die Kleidung und zieht sich dann bald in sein Zimmer zurück, mit den Heiratsvermittlern als Zeugen. Diese melden dann später den Gästen, daß das Brautpaar zusammen ins Bett gegangen ist.

Die Braut ißt bei der eigenen Hochzeit nichts, um kundzutun, wie bewegt sie ist.

Die Hochzeitskuchen werden den Gästen mitgegeben, denn geschnitten werden darf bei einer Hochzeit nichts – es könnte Pech bringen.

KRANICHE

Kranichpaar als Konfekt auf goldenem Teller.

Die traditionellen Symbole aus dem Tier- oder Pflanzenreich, die in Japan zu jedem Fest gehören, haben entweder glückbringende Namen oder Eigenschaften, die der Mensch selbst besitzen möchte.
Kraniche fliegen in Paaren und leben tausend Jahre – sind also ein Glückssymbol für Hochzeitspaare. Wegen seines weitausholenden, eleganten Fluges hat die japanische Fluggesellschaft den Kranich zu ihrem Logo gemacht.

Die feingliedrigen Vögel kamen im Winter aus Sibirien angeflogen. Scheu und furchtsam meiden sie die Menschen und sind deshalb schwer zu jagen. Wegen ihrer aristokratisch-gelassenen Art werden sie in Japan mit den Samurais verglichen, die dem Tod verachtungsvoll ins Auge schauen.

TEE

Auf einem Bett aus grünem Tee ein Zweig, an dem gleichzeitig Teeknospen, Teeblüte und Teefruchtkapsel hängen.

Die Japaner sind große Teetrinker, doch trinken sie lieber grünen als schwarzen Tee. Grüner Tee stammt von derselben Teepflanze wie die indischen und chinesischen Sorten, nur wird er anders behandelt: Vor dem Rösten werden die frisch gepflückten Teeblätter erst mal gedämpft, wodurch sie ihre grüne Farbe und ihre natürlichen Vitamine behalten.

Tee wuchs früher wild in Japan, aber nur die Bergbewohner kannten ihn. Im Jahr 1202 brachten Mönche neben dem Zen-Buddhismus auch Teesamen aus China mit. Sie hielten Tee für eine Arznei und tranken ihn, um während ihrer nächtlichen Andacht nicht einzuschlafen. Der Hofadel dagegen war ihm bald restlos verfallen und veranstaltete Teegelage, die so wild und zügellos waren, daß sie die herrschende Klasse schließlich die Macht kosteten. Aus der Zen-Ästhetik entwickelte sich zur gleichen Zeit die Teezeremonie, welche die japanische Lebensart dauerhaft geprägt hat.

Tee hat in seinen Blättern viel Vitamin A und C. Stellt man ihn aus Puder her, wie bei der Teezeremonie, ist er besonders gesund. Gießt man die Blätter auf, hat er fast keinen Nährwert, doch das Kalium, das in den Blättern enthalten ist, fördert die Ausscheidung von Salzen im Körper, weshalb Tee die ideale Begleitung zum allzu salzreichen japanischen Essen ist. Sein Eisen reinigt das Blut, er hat milde desinfizierende Eigenschaften, ist also wirklich eine Medizin, wie es die Mönche ursprünglich angenommen hatten.

Der grüne japanische Tee schmeckt mild und frisch, wenn man ihn richtig aufgießt. Das Wasser darf nicht heißer als 80 Grad sein, sonst ist er bitter. Die Japaner trinken ihn zu jeder Tageszeit: frühmorgens, um gelassen durch den Tag zu kommen; vor einer Reise, um sich zu stärken; bei der Arbeit, um sich zu entspannen; und natürlich vor und nach jeder Mahlzeit.

Jedem Besucher wird Tee angeboten, doch niemals ein Tee, der eine Nacht gestanden hat, denn der wurde früher nur einem zum Tod Verurteilten gereicht. Tee wird weder zu Hochzeiten noch zu Geburten verschenkt, denn seine kurzen, abgeschnittenen Blätter sind ein Symbol des Todes.

Japan produziert 100 000 Tonnen Tee im Jahr. Am ergiebigsten sind die mit Teebüschen bedeckten Hügel von Shizuoka am Fuß des Fuji-Berges; der beste kommt aus der Gegend um Kyoto. Die zartesten Blätter der ältesten Büsche geben den besten Tee.

Zweimal im Jahr – Anfang Mai und Ende Juni – ist Ernte. Junge Mädchen pflücken die Teeblätter mit der Hand – jede 20 Kilo pro Tag – und singen dabei. Bald werden auch sie von Maschinen ersetzt.

Jedes Jahr wird zu Zwecken der Werbung eine japanische „Miss Tee“ ernannt, die im alten Kostüm der Pflückerinnen ein Jahr lang als Public-Relation-Figur bei vielen offiziellen Anlässen zur Ehre des Tees erscheinen muß.

NAMAGASHI

Rohes Konfekt aus weißer, gesüßter Bohnenpaste für die Teezeremonie.

In einem strohbedeckten kleinen Teehaus, abseits des Trubels der Stadt, kommen ein paar enge Freunde zusammen. Sie betrachten die kunstvoll gesteckten Blumen und das aufgehängte Rollgemälde und nehmen ein leichtes Kaiseki-Essen zu sich, wie es zur Jahreszeit paßt. Dann beginnt die Teezeremonie. Während der Kessel auf dem Kohlefeuer summt, rührt der Gastgeber den grünen Teepuder an. Die Gäste essen erst vom süßen Konfekt und trinken dann das bittere Gebräu.

Teetrinken ist von Anfang an eine zeremonielle Handlung gewesen. Die Mönche saßen feierlich beieinander, die Aristokraten hielten Teepartys ab, die sehr schnell in hemmungslose Teeorgien ausarteten. Im 16. Jahrhundert führte der Mönch Senno Rikyu, Japans berühmtester Teemeister, die Handlung auf ihre strengen Zen-Prinzipien zurück. Die Regeln, die er aufstellte, gelten noch heute.

Der Sinn der Teezeremonie liegt im Streben nach einer schlichten, gelassenen Natürlichkeit, die dem Menschen innere Ruhe verschafft. Wie in allen Zen-Künsten geht es darum, für jede Handlung die exaktesten Bewegungen zu finden, um dadurch der Umgebung ständig bewußt zu bleiben. In diesem Fall bedeutet das, Freunden auf die schönste und richtigste Weise eine Tasse Tee zu reichen. So einfach dies klingt, so schwer ist es getan. Die Teezeremonie, in der sich die Samurai übten, um dadurch ihre kriegerische Disziplin zu stählen, erstarrte bald zu einer zeremoniellen Strenge wie bei Hofe. Heute wird sie fast nur noch von jungen Damen der Gesellschaft gepflegt.

Japans drei berühmteste Teezeremonienschulen gehören allesamt den Nachkommen des Senno Rikyu und sind blühende kommerzielle Unternehmen. Der Meister der Uresenke-Schule durfte eine kaiserliche Prinzessin heiraten und wird wie ein japanischer Papst verehrt.

NAMAGASHI

Rohes Konfekt aus Kyoto. Im Herbst wird täglich etwas mehr Rot zur weißen Bohnenpaste gefügt, damit die Farbe des Konfekts mit dem täglich sich vertiefenden Rot der Ahornblätter in der Natur übereinstimmt.

In Kyoto stellen kleine Familienbetriebe noch das traditionelle Konfekt zum grünen Tee her. In die alten Formen wird weiße oder gefärbte Bohnenpaste gepreßt und ungekocht gegessen. Solche rohen Süßigkeiten – „namagashi“ genannt – halten sich nicht lange, sind aber sehr geschätzt.

Nach den Regeln der Kaiseki-Kochkunst, die besonders für die Teezeremonie gelten, beteiligen sich alle fünf Sinne an ihrem Genuß:

Zunge:
Das Konfekt darf weder zu süß noch zu schmackhaft sein, um den bitteren Teegeschmack nicht zu übertönen.

Gespür:
Äußerst wichtig ist, wie das Konfekt sich in der Hand anfühlt, wie seine Konsistenz auf der Zunge liegt.

Nase:
Sein Duft muß zum Teeduft passen und mit ihm harmonieren.

Augen:
Von Farbe und Form des Konfekts muß sein Geschmack schon abzulesen sein. Auch gilt das Prinzip des Teemeisters Senno Rikyu: „Im Sommer soll es kühlend aussehen, im Winter erwärmend.“

Ohren:
Der Name des Konfekts soll mit der Jahreszeit in Einklang stehen. Schon beim Hören des Namens sollte man sich in die Stimmung der jeweiligen Jahreszeit versetzt fühlen.

KASTANIEN

Zwei echte und sechs aus gefärbter Bohnenpaste nachgebildete Maronen. Aus Bohnenpaste ist auch das herbstliche Ahornblatt.

Wenn im Herbst die Kastanien an den Bäumen reifen, machen sich auch die Konditoren an die Arbeit und bilden sie in Zucker nach. Die Stadtbewohner, die fern von der Natur und den Jahreszeiten leben, sehen die Früchte in den Konditoreien liegen und erinnern sich daran, daß eine Jahreszeit zu Ende ist und eine neue beginnt.
Das Gefühl für die Jahreszeiten geht in Japan so weit, daß nichts gut tut, nichts schön gefunden wird, wenn es nicht zur Jahreszeit paßt. Dazu gehören nicht nur bestimmte Blumen und Früchte, sondern auch Stimmungen und Bilder, die von der Überlieferung streng festgelegt sind.

Zur herbstlichen Stimmung, wie sie sich in Versen und Gemälden, aber auch in den Menüs der Jahreszeit widerspiegelt, gehören der Wind und der Nebel, Tau und Sterne, Pilze, Kakis und die Kastanien.

HIGASHI
Halbrohes Konfekt zur herbstlichen Teezeremonie: Pilze, Ahornblatt, das gelbe Ginkoblatt, Fichtennadeln und die Chrysantheme gehören zum Herbst. Der weiße Riegel dagegen deutet schon auf eine winterliche Stimmung.

Die japanische Lust am Nachbilden der Natur stammt scheinbar aus der uralten, längst vergessenen Sitte, den Flug der Wildgänse zu beobachten und darzustellen. Kamea Yiori, Nachkomme und Besitzer in der 17. Generation eines kleinen Konfektbetriebes in Kyoto, versucht naturgetreues, „im alltäglichen Sinne schönes" Konfekt herzustellen. Die Higashi-Formen, die einen zu offenkundigen Anspruch auf Ästhetik stellen, die zu gewollt und zu effektvoll sind, sind für ihn nicht schön. Er strebt die einfache, selbstverständliche Schönheit an und weiß, daß sie am schwierigsten zu erreichen ist. Auch zu einem Handwerk wie der Herstellung von Higashi-Konfekt gehört die Beschäftigung mit anderen Künsten: Kamea Yiori spielt deshalb in seiner freien Zeit im No-Theater mit, er töpfert und übt sich in Zen-Meditation.

KONFEKT

„Manju" – ein weißer Mehlkloß mit Bohnenpastenfüllung, „manju" – in ein Perillablatt gewickelt, „sesamake"-yokan in ein Zwergbambusblatt gewickelt, „daifuku" – eine mit Mutterkraut grün gefärbte Kugel und „kushi-dango" – mit Bohnenpaste überzogene Reismehlbällchen am Bambusstab.

Volkstümliche Süßigkeiten gibt es auf Ständen an Bahnhöfen und in Tempel- und Klosterhöfen. Man ißt sie unterwegs beim Spazierengehen oder auf religiösen Festen.
Meistens sind es Kugeln aus Reismehlmasse, die mit gesüßter roter Bohnenpaste gefüllt oder überzogen sind und oft mit verschiedenen Blättern gefärbt, gewürzt und manchmal noch umwickelt sind.

Die Blätter – die dunkelgrünen des Zwergbambusses, die violetten der Perillapflanze oder die des Mutterkrauts – haben ein starkes Aroma. Sie durchdringen beim Kochen die feuchte Masse und bestimmen ihren Geschmack.

GESCHENK-VERPACKUNGEN
„Yokan" – Konfekt aus Bohnenpaste, verschieden gefärbt und verpackt, dazu eine Sandtorte.

Japan ist das Land der kleinen Geschenke zur Erhaltung der Freundschaft.

Auf diesem armen Inselland, wo jeder auf jeden angewiesen ist, war Essen das wertvollste Geschenk. Das ist es auch heute noch. Wichtig ist, heute wie früher, daß es in schönster Aufmachung überreicht wird.

Aus diesem Anspruch entwikkelte sich in Japan die Kunst, aus einfachem Bambus, Holz oder Papier mit Hilfe von Pinsel und Farben die schönsten Hüllen für oft sehr bescheidene Geschenke zu erfinden. Die Vielfalt dieser kreativen Ästhetik ist es, die sowohl dem Schenkenden als auch dem Beschenkten „Gesicht", das heißt Ansehen und Prestige verleiht.

„Yokan" ist die älteste japanische Süßigkeit, ein klassischer Geschenkartikel. Es gehörte zu den kunstvollen Kuchen und Konfekten, die jede Provinz im Frühling dem Shogun, dem militärischen Verwalter des Landes, abzuliefern hatte; denn Zucker war eine Kostbarkeit, die lange nur den Mönchen und Herrschern vorbehalten war.

Die Herstellung von „yokan" ist einfach: Rote Bohnenpaste wird mit Zucker und Arar-Wurzelstärke verrührt und dann gedämpft. Weil dieses Rezept ziemlich festliegt, können sich die Konkurrenten nur durch die Verpackung profilieren.

Ein anderes beliebtes Geschenk aus der süßen Küche ist die Sandtorte. Sie heißt in Japan „kasutera", ein Wort, das aus dem Spanischen kommt, denn es waren die Spanier und Portugiesen, die im 16. Jahrhundert das Rezept ihres „castela"-Kuchens mit nach Japan brachten.

大極殿本舗

HIGASHI
Halbrohes Konfekt zum Damentee.

Oft wird gesagt, die Japaner hätten ihren Kult des Schönen nur deshalb so weit entwickelt, um sich die Langeweile zu vertreiben.

Für die Frauen stimmt das ganz sicher. Ihre Rolle ist ausschließlich die der Mutter und Hausfrau. Ihre Beziehungen beschränken sich auf die engste Familie, in der die Schwiegermutter die Hauptperson ist, der sie sich unterwerfen müssen. Im Leben ihrer Ehemänner, die sich besonders früher nur von bezahlten Geishas oder Freudenmädchen unterhalten ließen und sich auch nur ihnen anvertrauten, spielten sie keine Rolle.

Das Leben einer gutsituierten Frau verging also mit der Ausübung ästhetischer Künste – des Blumensteckens, der Kalligraphie und der Teezeremonie.

Zum geduldigen Wesen erzogen, wußte sie mit äußerster Disziplin ihre Neigungen, ihren Geist zu unterdrücken und statt dessen ihre äußere Erscheinung zum Kunstwerk zu stilisieren. An dieser erstaunlich beschränkten weiblichen Rolle hat sich bis heute wenig geändert.

Frauen aus dem Volk dagegen und die Freudenmädchen, die um ihre Existenz kämpfen müssen, haben ein schweres dafür aber auch ein vielseitiges Leben.

花ことば

NOSHI-AME
Altmodische Lutschriegel.

In der Verpackung aus zwei trockenen Bambusrinden läßt sich dieser Lutschbonbon leicht in der Hand halten und schlecken. Die zähe, klebrige Substanz aus Zucker und Süßkartoffelstärke erhält Geschmack und Farbe durch die Säfte von verschiedenen Früchten.

Bonbons wurden im 16. Jahrhundert von den Portugiesen in Japan eingeführt. Auf japanisch heißen sie heute noch „konpeitou" – vom Portugiesischen „confeitos" – oder „carumeru" – auf Portugiesisch „caramela". Für die Kinder gibt es hauptsächlich westliche, aber auch noch japanische Bonbons.

MODERNES YOKAN

Konfekt aus roter Bohnenpaste, verschieden geformt und gefärbt.

„Yokan", Japans älteste Süßigkeit, kann auch industriell hergestellt und in Plastikfolie verpackt werden, statt in die ländlich-klassische Bambusrinde.

Hier wurde Yokanpaste, die es früher nur als Stange oder im Block gegeben hat, in neue und doch klassische Formen gestochen: Fichtennadeln sind ein altes Symbol für langes Leben; das Dreieck steht für alles Junge, Keimende, aus der Erde Sprießende.

Altes und Neues geht immer Hand in Hand, und die traditionellen Formen, die von der Begeisterung für das Moderne, industriell Hergestellte verdrängt worden waren, kommen durch den Konkurrenzkampf der Hersteller wieder zum Tragen.

KEKSE

Industriell hergestellte Kekse mit echten Blättern, Blüten und Fruchtstücken.

Es ist eine Eigenart der japanischen Küche, daß sie die Augen nicht weniger befriedigen will als die Zunge.

Sogar bei der industriellen Massenherstellung von Lebensmitteln gelingt es den Japanern, die Natur wieder einzubeziehen: Auf der Backstraße werden diesen einfachen Keksen aus Mehl, Zucker und Wasser Originalstücke der Natur aufgedrückt, wie zum Beispiel ein großes Perillablatt, eine echte Chrysanthemenblüte, die Blüte des Pfefferbaumes oder der purpurroten Perillablume.

Blätter, Wurzeln, Blumen – und manchmal sogar die in einem berühmten Klosterhof aufgesammelten Kirschblüten – werden den Keksen mit auf den Weg gegeben. Wer sie ißt, geht sozusagen auf Reisen – oder zumindest auf einen Spaziergang.

LOLLIPOPS

Lutscher an Plastik- und Holzstäben für Kinder.

Man hat Japan das Paradies der Kinder genannt, denn solange sie klein sind, werden sie hier mit der größten Liebe und Nachsicht behandelt. Der Ernst des Lebens jedoch beginnt, sobald sie eine Uniform anziehen und in die Schule gehen müssen, wo sie diszipliniert und gedrillt werden.

Zwei der Hauptfeste des Jahres gelten heute noch den Kindern: am 3. März, zum Fest der Puppen oder der kleinen Mädchen, stellt jede Familie ihre altmodischen Puppen aus, die aber nicht zum Spielen, sondern zum Bewundern da sind.

Zum Fest der Knaben oder Fest der Flaggen, am 5. Mai, läßt man riesige Papierkarpfen über den Dächern flattern, denn man wünscht sich, daß der kleine Junge die Schwierigkeiten des Lebens meistern möge, so wie der Karpfen gegen den Strom anschwimmt.

In der Altstadt von Tokio wird die Herstellung von Bonbons manchmal noch wie Kunstgewerbe betrieben. Alles, was kleine Kinder mögen – von der Eule bis zu Erdbeeren und importierten Bananen – wird naturgetreu nachgeformt und eingefärbt.

KINTARO-AME

Ein Konfekt für Kinder.

„Kintaro", der „Goldknabe", stammt aus dem Märchenbuch. Das Schriftzeichen „kin" – Gold – steht groß auf seinem Mäntelchen geschrieben. Eine Bärenfamilie hat ihn im Wald großgezogen.

Er springt wie ein Reh, klettert wie eine Ziege, rennt wie ein Hase, schwimmt wie ein Otter und sieht im Dunkeln wie eine Eule. Stark und mutig, ist er ein Vorbild für kleine Jungen.

„Mit der Axt in der Hand
Reitet Kintaro auf einem Bären
Hoi-hop, hoi-hop, hoi-hop...",
so geht ein Kinderlied.

Am 5. Mai, dem Fest der Knaben, das man als „Fest der Flaggen" kennt, wird der Hausaltar mit kleinen Fahnen und Figuren von vorbildlichen Kriegern geschmückt. Die Kinder bekommen „Kintaro-ame", eine süße Konfektstange, geschenkt; denn auch Kintaro ist ein Held, wenn auch nur aus dem Märchenbuch, und man hofft, daß die Jungen es ihm gleichtun. Wenn man die Stange aufschneidet, erscheint auf jeder Scheibe Kintaros Gesicht, wieder und wieder, wie ein Spiegelbild, das sich bis ins Unendliche fortsetzt.

Die Kinder lieben das. Die Erwachsenen aber sagen von Bürokraten und langweiligen Menschen: „Der ist wie ein Kintaro-ame. Er macht immer wieder das gleiche Gesicht".

NINGYO YAKI

Gebackene Köpfe von Glücksgöttern.

Seitdem Japan ein modernes Industrieland mit westlichen Einflüssen geworden ist, werden auf jedem Gebiet neue Experimente zu alten Themen gemacht.

Ein kleiner Kuchenfabrikant in Nihombashi, einem alten Stadtteil von Tokio, gießt seinen Sandkuchenteig in verschiedene eiserne Kuchenformen, welche die „Sieben Götter des Glücks" darstellen.

Diese Glücksgötter haben die Japaner aus allen möglichen asiatischen Religionen übernommen und zu einer mächtigen japanischen Gruppe vereinigt. Davon werden aber heute nur noch zwei in jeder japanischen Familie verehrt: der Gott Ebisu, der mit seinem Fisch im Arm als der Beschützer der Fischer und Händler gilt, und der Gott Daikoku, der mit seinem Reissack der fröhliche Gott des Reichtums und der Bauern ist. Von den „Sieben Göttern des Glücks" gießt der Kuchenfabrikant nur sechs in seine Kuchenformen, denn er behauptet galanterweise, daß der siebente Gott der Kunde selber ist.

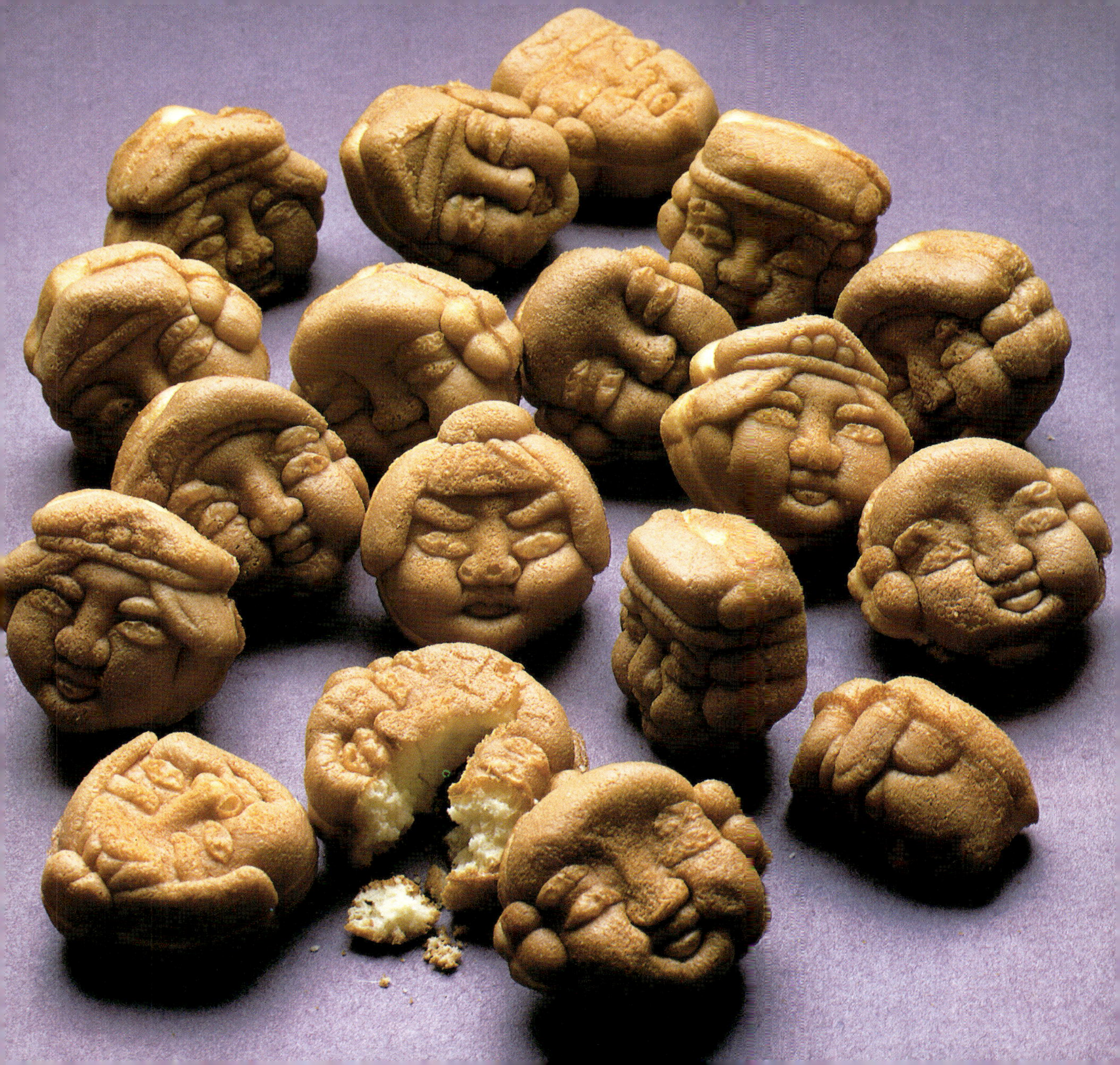

SUMO

Ringkämpfer aus Schokolade, als Souvenir zu kaufen im Restaurant eines ausgedienten Sumo-Kämpfers.

Den Sumo-Ringkampf gibt es in Japan seit tausend Jahren. Ursprünglich wurde er in den Tempeln zur Wahrsagung der Ernte abgehalten, später diente er der Kriegskunst und schließlich zur Unterhaltung und Ergötzung des Volkes. In diesem Jahrhundert wurde er zu Japans Nationalsport erklärt.

Sumo-Turniere finden sechsmal im Jahr in Tokios Nationalstadion statt. Der Ring in der Mitte des Platzes wird immer noch als heiliges Schlachtfeld betrachtet, das keine Frau betreten darf.

Die Sumo-Kämpfer sind mächtige, an die 130 Kilogramm schwere Kolosse. Sie kämpfen nackt, nur mit einem seidenen Lendenschurz bedeckt, ihr langes schwarzes Haar in kunstvollen Knoten auf dem Hinterkopf drapiert. Vor jedem Kampf heben sie ihre schweren Beine, stampfen damit auf den Boden, zum Zeichen ihrer Kampfbereitschaft, und streuen Salz in den Ring, um die bösen Geister zu vertreiben. Dann werfen sie sich blitzschnell mit unheimlicher Wucht aufeinander. Meist innerhalb von Sekunden hat der eine den anderen mittels einer der 70 Kampftechniken auf den Boden oder aus dem Ring gezwungen – der Kampf ist vorbei. Der Ablauf erinnert an shintoistische Rituale.

Vier Richter bewachen den Kampf. Der Schiedsrichter in alter Samuraikleidung gibt mit seinem hölzernen Fächer das Zeichen zum Kampfbeginn und zeigt damit zum Schluß auf den Sieger. Das Publikum sitzt essend und schwatzend auf Strohmatten. Manchmal ist auch der Kaiser zugegen.

In früheren Zeiten gehörten die Sumo-Kämpfer zum Hof eines militärischen Gebieters. Heute sind sie Mitglied einer der dreißig japanischen „heya“, der Sumo-„Ställe“, die von Politikern und reichen Geschäftsleuten finanziell unterstützt werden. In diesen „Ställen“ verbringen die Ringkämpfer ihren Tag, den vielen uralten Regeln folgend, denen sie ihre enorme Kraft und kolossale Fülle verdanken.

Ohne zu frühstücken, trainieren sie den ganzen Morgen. Dann setzen sie sich hungrig um einen Eintopf, für den jedes „heya“ ein eigenes, geheimgehaltenes Rezept besitzt, das aber im wesentlichen aus Huhn, Schwein, Fisch, Tofu und Pilzen besteht, die stundenlang in einer Bouillon gekocht werden. Dazu trinken sie reichlich Sake oder Bier, um ihren Appetit noch weiter anzuregen. Am Nachmittag legen sie sich zur Ruhe und schlafen sich ihre Fettmassen an.

Sumo-Kämpfer, die ganz in ihrer eigenen Kaste leben, sind Japans Idole. Ihr Umfang muß dem früher unterernährten Volk, genau wie die Fülle des Buddha, göttlich erschienen sein.

FUJI SAN
Scheiben von Riegeln aus süßem Yokan-Konfekt.

Sein weißer Gipfel steht strahlend vor dem Himmel, schwebt unerreichbar über dem Wolkenmeer oder spiegelt sich im Wasser der fünf Seen zu seinen Füßen wider. Doch der Fuji ist weit mehr als ein wunderschöner Berg, der ein paar hundert Kilometer südwestlich von Tokio liegt.

Für die Buddhisten ist er eine Lotusblume, für die Dichter ein Fächer, der umgedreht vom Himmel hängt, für die Maler ein makelloser Kegel. Für das Volk ist er das Symbol für alles Erhabene, Edle, Schöne, aber auch eine ständige, drohende Gefahr. Der Fuji ist ein junger und vielleicht deshalb so ebenmäßig geformter Vulkan, der nach der Legende 286 v. Chr. in einer Nacht aus dem Erdboden sprang. Obwohl sein letzter Ausbruch im Jahr 1707 stattfand, fürchtet man, daß er noch nicht endgültig erloschen ist. Auf seinem 3776 Meter hohen Gipfel steht seit Jahrhunderten ein Tempel. Er ist einer Göttin geweiht, „der Prinzessin, die die Bäume zum Blühen bringt" und die jemand als schimmernde Wolke über dem Krater hat schweben sehen.
Inzwischen ist der Fuji-Berg selber zu einer Gottheit geworden. Im ganzen Land stehen Schreine, in denen sein Geist angebetet wird. Sein Gedenktag wird am 1. Juli im Tempel am Fuß des Berges zeremoniell gefeiert. Damit ist der Berg „eröffnet", und die kurze Saison beginnt, in der er gefahrlos bestiegen werden kann.

Sommer für Sommer windet sich seit tausend Jahren der Zug der Pilger seine Hänge hinauf, denn jeder Japaner hat die Pflicht, den Fuji einmal in seinem Leben zu besteigen und die aufgehende Sonne von seinem Gipfel zu begrüßen. Jedes noch so weit entfernte Dorf versucht deshalb, wenigstens einen Vertreter dorthin zu entsenden. Der Aufstieg dauert neun Stunden, und ein alter Aberglaube besagt, daß der Sand, den die Füße tagsüber abtragen, nachts von selber den Berg wieder hinaufgelangt. Doch wehe dem, der vom Weg abkommt oder unreinen Herzens ist. Die Diener der Göttin, die überall unsichtbar lauern, werden ihn tief in den Abgrund stoßen.

Zwei Millionen Japaner besteigen jährlich den heiligen Berg. Der Aufstieg ist in zehn Abschnitte geteilt, von denen Frauen früher nur acht zurücklegen durften. Die erste Frau, die 1867 bis auf den Fuji-Gipfel stieg, war eine Engländerin.

Die Japaner kennen den Fuji, auch ohne ihn zu besteigen. Sie sehen ihn auf Bildern, sie malen ihn in der Schule, sie essen ihn als Konfekt. Sein Name wurde zur Marke von Filmen und Zahnpasta, Fernsehgesellschaften und Banken.

Das erste Wort, das ein japanisches Kind zu schreiben lernt, ist „Fuji".

KIRSCHBLÜTE
Konfekt aus Bohnenpaste mit dem dazugehörigen Bambusstäbchen zum Essen.

Nicht seiner Früchte, sondern seiner Blüten wegen wird der Kirschbaum in ganz Japan gepflanzt. Jeden Frühling, wenn die hellrosa Kirschblüten-Schleier das Land bedecken, verfallen die Japaner wieder ihrer Schönheit, und sie ziehen in Scharen aus, um sie zu betrachten.

Unter den ätherischen Blumenwolken, deren Blüten schon nach wenigen Tagen verwelkt sind, erinnern sie sich daran, daß alles Schöne nur von kurzer Dauer ist – und lieben es deshalb um so mehr.

Die japanische Zierkirsche, die so viel schöner blüht als andere Kirschbäume dieser Welt, gibt ihnen die Bestätigung der Einzigartigkeit ihres Landes und der eigenen Seele. Im letzten Jahrhundert erhoben sie die Kirschblüte zum Symbol ihrer Nation, des Heldentums und der Opferbereitschaft aller jener Japaner, die den frühen Tod nicht scheuen. „Was die Kirschblüte unter den Blumen ist, ist der Samurai unter den Menschen“: beide haben ein strahlendes, aber kurzes Leben.

Dieses ständige, vom Buddhismus kommende Bewußtsein der Vergänglichkeit aller Dinge gibt dem Leben der Japaner Spannung und Tragik.

Der große Hideyoshi Iyeyasu, Gründer des militärischen Shogunats, das Japan bis ins letzte Jahrhundert mit eiserner Hand regierte, starb, kurz nachdem er ein riesiges Volksfest zur Betrachtung der Kirschblüten gegeben hatte, mit den unvergessenen Worten: „Alles war nur ein Traum.“

Der arme Bauer, der eine Zierkirsche auf sein kleines Feld pflanzt und im Frühling einen Vers an ihre blühenden Zweige heftet, ist von demselben schmerzlich-schönen Gefühl durchdrungen. Deshalb ist auch dem Japaner „eine Abendstunde im Frühling tausend Goldstücke wert“.

Alte, Junge, Arbeiter, Angestellte, Familien, ganze Belegschaften von Büros und Fabriken brechen dann auf zum schönsten gemeinsamen Ausflug des Jahres und setzen sich in den öffentlichen Gärten, Tempeln und Klosterhöfen des Landes unter den zarten Blütenschirm der Kirschbäume.

Früher wurden Seile von Baum zu Baum gespannt, schöne Frauenmäntel darüber gehängt und so für jede Familie ein Platz abgesteckt. Heute sitzt jede Freundesgruppe auf den eigenen Matten. Aus „Bento“-Schachteln ißt man die Speisen, die seit alten Zeiten zu diesem Fest gehören, und während man die Kirschblüte betrachtet, ißt man sie auch. Man ißt sie als Konfekt, das hauchzart aus roher Bohnenpaste geformt ist, man ißt die eingelegten Kirschblüten des vergangenen Jahres, oder man macht sich einen Tee aus ihnen.

Nach einem ähnlichen Frühlingsfest notierte Basho, Japans größter Dichter:
„Unter den Bäumen,
Suppe und Fisch
und Kirschblüten überall.“

GLÜCKBRINGENDER APFEL

Diesem Apfel hat die Sonne sein glückbringendes Signum aufgeprägt. Eine Schablone in der Form des Schriftzeichens „Langes Leben“ wurde auf den Apfel gelegt, sie schirmte an dieser Stelle das Sonnenlicht ab, die Frucht drumherum reifte kräftig rot. Dieser Eingriff des Menschen in die Natur liegt in der japanischen Tradition. Durch ihn wird der Baum zum Zwerg, mit der Kunst des Bonsai, der Apfel zu einem kostbaren Glückssymbol. Der Japaner versucht, die Macht der Natur mit Zauberformeln und Riten zu bändigen, um mit ihr auskommen und leben zu können. Er drückt der Natur seinen Stempel auf, um sie zahm und menschlich zu machen – denn wild macht sie ihm Angst.

寿

Die Initiative zum Entstehen dieses Buches ging aus von meinen Verleger-Freunden Peggy Flaum, Stuart Waldman und Marty Goldstein bei Friendly Press, New York. Ihnen gilt mein Dank. Für die Mitarbeit an den Photos zu diesem Buch habe ich mich bei vielen tüchtigen Helfern zu bedanken: ganz besonders bei meinen beiden Assistenten Akira Fujioka und Takeshi Yuzawa. Aber auch bei den Küchen-Chefs und Mitarbeitern der Restaurants. Und dabei gilt mein Dank Herrn Kanichi Takahashi im Okura-Hotel in Tokio für Photo 21, Herrn Kouji Tokuoka im Restaurant „Kitchyo" in Kyoto für Photo 23 und 35, Herrn Kaichi Tsuji in Tokio für Photo 25, Frau Masako Saji im Restaurant „Shimogamo Charyo" in Kyoto für Photo 27, dem Restaurant „Hino-ki" in Kanazawa für Photo 29 und 31, Herrn Mitsuo Kubota, Sushi-Bar, Tokio für Photo 33, dem Restaurant „Kanakyu" in Kanazawa für Photo 49 und 71, der Sushi-Bar „Sai" in Tokio für Photo 77 und 89, dem Restaurant „Unazen" in Shizuoka für Photo 101, Herrn Ryo Seo im Restaurant „Kuruma-ya" in Tokio für Photo 1[illegible]3 und dem Restaurant „Tawaraya-Yoshitomi" in Kyoto für Photo 1[illegible]1 und 139.

Die Photos für dieses Buch wurden mit der Hasselblad-Kamera mit den Optiken Planar 3.5/100 mm und Makro-Planar 4/120 mm auf 6/6 cm Kodak Ektachrome Daylight Professional Film aufgenommen. Als Lichtquelle diente meistens gestreutes Blitzlicht aus einer Soft-Box, dazu manchmal direktes Unterlicht durch eine Opal-Scheibe.

Hamburg, im Juni 1987
Reinhart Wolf

REINHART WOLF
Entdeckungsreise in Japan.

Wenn man die Sprache eines Volkes nicht versteht, kann man den Menschen auf ihre Teller schauen, und dabei erfährt man nicht nur etwas über Speisen und Lebensweisen, sondern auch viel von einer fremden Kultur.

Bei meinen Reisen durch Japan habe ich mich aber nicht nur mit dem Blick auf die Teller zufriedengegeben. Es hat mir nicht genügt, was man mir kunstvoll angerichtet vorsetzte, was die Sushi-Köche aus ihren Händen auf blankpolierte Lacktabletts zauberten. Ich wollte selber einkaufen und anrichten: für Bilder, aus denen man über Japan lernen, durch Licht und Farbe Stimmungen erleben oder in Symbolen lesen kann.

Zu Japan habe ich durch gute Freunde eine langjährige Beziehung. In Japan habe ich die Reduktion, die Konzentration auf das Wesentliche gelernt. Ich habe die Kraft des schwarzen Untergrundes für meine Photos entdeckt. Und in Japan habe ich immer und überall den liebevollen Umgang mit Lebensmitteln gespürt.

Auch die Verbindung von modernem Leben und traditioneller Gastlichkeit habe ich so harmonisch nur in Japan erfahren. Beim Reisen mit den schnellsten Zügen der Welt reichen freundliche junge Mädchen mit weißen Handschuhen aus handgeflochtenen Bastkörben die kulinarischen Spezialitäten der Gegend, durch die man gerade fährt. Es gibt einen Fahrplan, in dem, zusätzlich zu den Abfahrtszeiten, auch die regionalen Speisen angegeben sind, die im Zug serviert werden.

Auch wie die hochtechnisierten Japaner heute noch Reis anbauen und ernten, wie sie den Fisch zerteilen und präsentieren, wie sie Obst züchten und zum Schenken herrichten – das alles geschieht mit einer handwerklich perfekten, selbstverständlichen, jedoch beiläufigen Meisterschaft, wie man sie bei uns kaum noch findet.

Für dieses Buch habe ich nur selten die kunstfertigen Speisen der Meisterköche photographiert. Ich wollte selbst sehen, riechen und tasten. Ich wollte wissen, wie was schmeckt, wie es gebraten oder fritiert wird, wie süß oder sauer es eingelegt wurde, wie hart oder weich seine Konsistenz ist.
Tagelang bin ich wie süchtig durch alle Lebensmittelabteilungen der großen Kaufhäuser gestreift. Immer mit tausend Fragen an meinen japanischen Freund und die Verkäufer: Wo fischt man das, wo wird das geerntet, in welcher Form und zu welchem Fest wird es verschenkt? Oft kamen immer mehr „Spezialisten" hinzu, und das Palaver wollte kein Ende nehmen.

Für die Photos brauchte ich als Untergründe auch die verschiedensten Papiere, handgeschöpft, bemalt oder bedruckt, dazu Schalen, Tabletts, Stäbchen, Körbe, alle möglichen Requisiten. Beim Einkaufen, beim Suchen und Sammeln all dieser Dinge, hat mich die Fülle und Vielfalt, die handwerkliche Kunst schon so inspiriert, daß ich manchmal das Photographieren kaum abwarten konnte.

Doch manche Photos brauchen Zeit. In einem Kaufhaus

and ich zwischen hunderter-
lei Süßigkeiten eine Kirschblüte aus Bohnenpaste. In einer Geschenkabteilung sah ich Tage später kleine Bambusspieße und fragte, wozu man derlei Dinge benutzt. „Um Süßigkeiten zu essen." Sofort entstand in meinem Kopf das letzte Bild für dieses Buch: das schwertgleiche Bambusstäbchen und die zarte Blüte. Ich hatte wieder etwas von Japan begriffen.

Abends in meinem Hotelzimmer wurde alles auf meinem Bett und im Badezimmer ausgepackt und ausgebreitet. Hier in meinem improvisierten „Studio" habe ich dann alle Photos arrangiert und photographiert. So wurde jede Nacht für mich zu einem Abenteuer: ich arbeitete ohne den komplizierten Apparat meines Hamburger Studios, ohne Assistenten, Requisiteur, Stylisten und ohne Art-Director – in eigenem Auftrag sozusagen. Ich arbeitete vor einer weißen Opalscheibe, auf der, durch das Gegenlicht eines Blitzkopfes aus dem Papierkorb darunter, all diese so wunderbar fremden Dinge aus der Realität gelöst, transparent und abstrakt wurden. Da-
bei war die ganze Ausrüstung ein kleines japanisches Blitzlichtgerät und meine Hasselblad – eigentlich nur die eines fortgeschrittenen Amateurs. Aber so, als Liebhaber, habe ich meinen Beruf auch immer begriffen. Leitet sich doch das Wort „Amateur" vom lateinischen „amare" ab und das heißt „lieben".

von Reisen kann heute keiner mehr Neues mitbringen. Meine Mitbringsel von Reisen sind deshalb Bilder – Mitteilungen und Botschaften anderer Welten und Kulturen. Damit möchte ich Menschen, die meine Photos betrachten, teilhaben lassen an dem, was ich gesehen und erlebt, gegessen und genossen habe.

REINHART WOLF

1930 in Berlin geboren, studierte bis 1954 Psychologie, Literatur- und Kunstgeschichte in den USA, Paris und Hamburg. Nach dem Entschluß, sein Hobby Photographie zum Beruf zu machen, legte er 1956 seine Meisterprüfung an der „Bayerischen Staatslehranstalt für Photographie" ab. In Hamburg gründete er sein Studio für Werbephotographie. Parallel zur Werbephotographie begann er mit einer 18 x 24 cm-Kamera, Fassaden von Gebäuden zu photographieren: „Gesichter von Gebäuden". 1977 reiste er dazu durch Georgia (USA). 1979 photographierte er die Türme der Wolkenkratzer von New York, dokumentiert in einem vielfach ausgezeichneten Buch. Die freien, redaktionellen Arbeiten Reinhart Wolfs wurden zunehmend zum Schwerpunkt seiner photographischen Entwicklung. Er erhielt den Kulturpreis der Deutschen Gesellschaft für Photographie und mehrere Goldmedaillen des Art Directors Club für Deutschland und in New York. Er war Gründungsmitglied und Präsident des Art Directors Club für Deutschland, Mitglied zahlreicher Fachjurys, Gastdozent verschiedener Hochschulen und hatte Einzelausstellungen in zahlreichen deutschen wie europäischen Städten. 1988 verstarb er viel zu früh, doch sein Einfluß ist mittlerweile so groß, daß es inzwischen eine Reinhart-Wolf-Stiftung und den Reinhart-Wolf-Preis für Photographie gibt.

Buchpublikationen:
Gesichter von Gebäuden, Schmalfeldt Verlag, Bremen 1980; New York, Stern-Buch, Hamburg 1980, Vendome Press, New York 1981, Editions du Moniteur, Paris 1981, Taschen-Verlag, Köln 1986, Longanesi & C., Mailand 1986; Castillos, El Viso, Madrid 1982, Abbeville Press, New York 1983, Schirmer/Mosel, München 1983; Die neue alte Küche, Photos Reinhart Wolf, Stern-Buch, Hamburg 1983; Drei-Sterne-Küche für Zuhause, Photos Reinhart Wolf, Südwest Verlag, München 1984; Gekochte Geschenke, Photos Reinhart Wolf, Südwest Verlag, München 1985; China's Food, A Photographic Journey by Reinhart Wolf, Friendly Press, New York 1985, Flammarion, Paris 1986, Wilhelm Heyne Verlag, München 1986; Agnes Amberg's Kochbuch, Photos Reinhart Wolf, Südwest Verlag, München 1986; André Heller, Flying Sculptures, Photos Reinhart Wolf, Wilhelm Heyne Verlag, München 1986; Die große Küche und ihre kleinen Geheimnisse, Photos Reinhart Wolf, Wilhelm Heyne Verlag, München 1986.

ADOLF MUSCHG

wurde im Mai 1934 in Zollikon bei Zürich geboren. Nach dem Studium der Germanistik, Anglistik und Psychologie promovierte er mit einer Arbeit über Barlach. Er lehrte in Zürich, Tokio, Göttingen, Ithaca sowie Genf und ist seit 1970 Professor für Germanistik an der Eidgenössischen Technischen Hochschule in Zürich. Zu seinen Veröffentlichungen gehören: Im Sommer des Hasen, Roman; Gegenzauber, Roman; Mitgespielt, Roman; Albissers Grund, Roman; Entfernte Bekannte, Erzählungen; Der Rote Ritter, Roman; Sutters Glück, Roman.

ANGELA TERZANI-STAUDE

wurde 1939 als Kind deutscher Eltern in Florenz geboren. Sie wuchs in Italien auf, studierte in München und arbeitete als Übersetzerin für italienische Verlage (unter anderen Autoren J. Burckhardt, Freud und Jung). Zwei Jahre war sie in Amerika, und seit 1972 lebte sie mit ihrem Mann, dem „Spiegel"-Korrespondenten Tiziano Terzani, und ihren zwei Kindern in Asien: in Singapur, Hongkong und Peking, dann in Tokio. Terzanis Buch „Chinesische Jahre" fand im In- und Ausland große Beachtung.

VILIM VASATA

ist dem Handwerk und der Neigung nach Art Director und Stilist. Er wuchs auf in Zagreb und Wien und studierte Kommunikationsdesign in Kiel und Essen. Er arbeitete von Beginn an selbständig als Graphiker und gründete 1956 in Mülheim mit mehreren Partnern die Werbeagentur TEAM. Vilim Vasata erhielt zahlreiche Auszeichnungen für Werbegestaltung und graphisches Design, er war Mitbegründer und Präsident des Art Directors Club für Deutschland und Vorsitzender der Gesellschaft Werbeagenturen GWA. Neben seiner hauptberuflichen Tätigkeit arbeitete Vasata besonders am Buchdesign. Für Reinhart Wolf, mit dem er viele Jahre befreundet war, gestaltete er die Bücher New York und De España.
Vilim Vasata war lange Jahre Chairman der größten deutschen Werbeagentur TEAM/BBDO und hält heute eine Professur für Kommunikationsdesign an mehreren europäischen Universitäten.

Bibliographie

B. H. Chamberlain, Things Japanese, London 1891; F. de Garis, We Japanese, Japan 1949; L. Frederic, Daily Life in Japan, 1185–1693, London 1972; Jukichi Inouye, Home Life in Tokyo, London 1910; Shunkichi Akimoto, Exploring the Japanese Way of Life, Tokyo 1961; Shidzue Ishimoto, Facing Two Ways, Norwich 1935; Lafcadio Hearn, Exotics and Retrospectives, London 1905; D. Richie, A Taste of Japan, New York 1985; Kiyoko Konishi, Japanese Cooking for Health and Fitness, Tokyo 1986; A. Saint Gilles, Mingei, Japan's Enduring Folk Arts, Tokyo 1983; Hideyuki Oka, How to Wrap Five More Eggs, Tokyo 1975; P. L. Cuyler, Sumo, Tokyo 1979; Masuo Yoshino, Sushi, Tokyo 1986; Horishi Kondo, Sake, Tokyo 1984; Kaichi Tsuji, Kaiseki, Tokyo 1972; Sen'o Tanaka, The Tea Ceremony, New York 1973; B. W. Robinson, Arms & Armour of Old Japan, London 1951.

Bücher auf Japanisch:

Kiyoyuki Higochi, Geschichte der japanischen Nahrung, Tokyo 1960; Takashi Nagatomo, Die Wissenschaft der Soba-Nudeln, Tokyo 1982; Tsunekichi Uoya, Tempel-Küche, Tokyo 1936; Harutaka Hayashi, Über Gemüse, Tokyo 1984; Sakae Tsunoyama, Die Geschichte des Tees, Tokyo 1981; Kurashino Settkei (Sonderheft), Konfekt in alten Städten, 1985; Kitaoji Rozanjin, Gesammelte Schriften, Tokyo 1983; Matsuo Basho, Gesammelte Werke.

3. Auflage 2001
Gestaltung: Vilim Vasata

Satz: Partner Satz, Ingolstadt Druck: Dai Nippon Printing Company
Printed in Hong Kong 2001 ISBN 3-453-20655-X